宁白 著

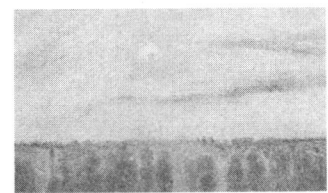

行走与守望

文匯出版社

温润而倔强

（序）

推土鸡

请允许我乐观地假设：几百年后，人类的科技已经足够发达，他们可以将有史以来所有的文字、声音、视频以及其他一切记录形式输入一个智慧系统当中，并进行数据分析总结，以此指导人类前进的方向，同时避免再犯他们的前辈会一再重复犯下的各种可笑而愚蠢的错误，比如嫉妒、贪婪、冷漠、自私、自以为是……

我们完全可以想象那个宏大壮观的场景：数以万亿计、漫天星辰般的数据资料翻滚在同一个系统当中，共赴同一个却未知的目的地。这像极了我们身处的这个浩瀚宇宙。

而这部20多万字的随笔集就犹如这个数据宇宙中一粒闪着微弱荧光的尘埃。在这个系统当中，这粒尘埃微不足道，毫不起眼，甚至似乎可有可无，但是却始终倔强地散发着温润之光。

我们的世界不正是由这些坚持不懈的尘埃所构成的吗？而每一粒尘埃本身，又何尝不是一个丰富多彩的宇宙？

这部随笔集里发生的故事从二十世纪六七十年代开始直到现在，有五十多年的跨度。是作者作为一个普通人遇到的一些普通事：关于父母，关于家人，关于一些其他的普通人，关于风景与美食，关于对这个社会的一些看法。这些事在每个人、每个家庭都会遇上那么几件。也就是因为普通，所以能够共情。故事的发生虽然有时代背景，大部分的情感和认知却能超越时代而存在。另一方面，时代的一粒灰，落在个人头上就是一座山，每一个普通人都能感同身受，生活不易，谁不为柴米油盐竭尽全力？但在为了生存负重前行的同时，是否还能感受到世间美好？是否还需要表达世间美好？作者一路前行，一路思考。

表达，是每个人的宿命，也是责任。人类文明不断向前发展，就是一个越来越多的普通人有能力、有权利、有意愿进行表达的过程。如何表达？有些人选择语出惊人，有些人选择愤世嫉俗，有些人选择摇旗呐喊……表达方式的差异，更增加了这个世界的五彩斑斓。这部作品选择的方式是，广泛的善良和持续的独立。因善良而温润，因独立而倔强。

以这部作品作为原点，从时间轴上往前看：在人类有限可怜的编年史中，不同年代的很多人，被涂抹上了悲剧的色彩。也有一些人，成为时代的幸运儿，他们被赋予了更多的幸福感。而这幸福感的产生与物质条件却往往并不成正比关系，更多的是因为那些时代保护着植根于每一个人源自内心的诚心、正义、无畏和同情。这些文明的细胞流淌在包括作者和读者在内每一个普通人的血液当中，等待时机随时萌发。

当我们往后看：无论是否愿意，几百年后，人类终将迈向星辰大海。那么，在未来那趟气势恢宏的探索旅程中，能在那些注定比我们先进文明得多的人类后辈的 DNA 中，注入些许温润和倔强，对他们来说一定不是坏事，而对于我们来说，则是一种骄傲。

我们可以看到，作者在这条时间轴上一直走下去，永不止步。作为一个普通人。

目录

温润而倔强（序）/ 推土鸡　1

第一辑

我的拐角　3

青春时光与《两地书》　8

森林里的《山楂树》　11

盘古之餐　13

眼　神　17

蓝　莓　21

青春遥远　24

像月光与玫瑰同时出现　27

在医院走廊里读诗　31

严　34

一字搅人　37

老　派　41

隐　忍　44

茶中有人　47

送年货 50

守莲者说 53

闭关时刻 57

蒲公英的命运 61

曾经寻找 64

小　路 67

记　忆 70

第二辑

帖、砚与毛边纸 75

相　送 78

疤　痕 81

轻轻地说，再见 84

母亲牵着我，走过田野 87

佛像前的静穆 90

不再回来 93

第三辑

一个"和"字 99

重新出发 102

奔向青春的道口　105

第四辑

四表哥的大汤黄鱼　111
面对无望　115
寻找诚恳　118
古镇"迁"人　121
心　灯　124
保洁阿姨的"人格"　127
大妹子　130
男保姆　133
菜摊两口子　137
卖水果的老妪　140
打两份工的人　143
在古村，老人笑对着我　146
每次相遇，都值得珍惜　150

第五辑

山巅小寺　155
荒岛落日　158

海浪与树 161

凄美的终结 164

须弥山的孩子 167

走近中台禅寺 170

第六辑

小镇心情 175

苹果掉在草地上的感觉,真好 178

瓦豪河谷里的那座村庄 180

用诗写留言的女孩 184

八月,寻找多瑙河之蓝 188

维也纳导游 191

黄昏,船游涅瓦河 194

埃及男人的目光 197

芦之湖畔 200

到人吉去 203

在熊本古城废墟 207

小田原的老人餐店 210

借山筑道 213

清迈的树 216

安静的旋律 219

第七辑

母亲的菜属于儿女 225
吃　鸡 228
吃鱼头 232
孤老的豆腐 235
寻甜"锡帮菜" 238
进山"讨饭"记 241
草原三餐 245
邂逅庄园菜 248
小巷里，那些安分的餐店 251
从厨房跑向菜场 254
办酒席易，炒青菜难 257
从七星酒店到沙漠野餐 260
在越南吃红烧肉 263

第八辑

常识在上 269
近的忽视 271
说"一" 273
追怀单纯 276

忘了含蓄 279

下跪之问 282

与优点相处 285

我从森林里走来 288

不同的远方 291

"堂"之善德 294

以道观之 297

图书馆是天堂的模样 299

七十可当"哲学家" 302

修理匠与艺术家 305

还有一把小提琴 307

整理台历 310

活着是一首诗（后记） 312

第 一 辑

我的拐角

老家的房子拆了。

那天,站在一片废墟前,家的轮廓依然映现在脑海里。从二楼到三楼那个两平方米多的拐角,更是凸显出来,似乎正飘浮在半空中。

这幢老房子住了一大家族人。父母婚后就住在二楼的前厢房,父亲的两位兄长住三楼和几个阁楼。三家的孩子加起来有十多个,这个拐角成了熙攘的交通"枢纽"。

小学暑假时,这个拐角是我和小弟主要的活动天地。那时,父亲已是"右派",去乡下改造。母亲和二姐整天在房间里绣花,贴补家用。下午,朝西的厢房阳光逼人,在绒绣花架前流汗不止的母亲,便把我们赶到这个拐角,我们在这里写作业、下军棋,玩乱七八糟的东西。

也许是四年级。有一次,去后弄堂,看到两个大哥哥在下围棋,觉得有点意思。于是,经常在旁边围观过瘾。直到看出点门道,跃跃欲试,却轮不到上手。又没钱能去买副棋子。我与小弟做出了一个决定:自己做。

忘了从哪里讨要了几片一厘米多宽、尺把长的钢锯,又到文具店里买了几块木砂皮,从后弄堂外的木匠摊里捡了一把细长的边角木料。我们把一张红木凳子搬到了拐角,作为工作台,哥俩开始操作:先把木条锯成一个个一厘米多见方的小方块,再用砂皮把小方块棱角磨成圆形,全部成型后,用墨汁将一半的棋子涂黑。三个步骤,却都是细活,整整做了一个暑假。母亲有时在门口看着我们,微笑着,红木凳子被磨蹭得伤痕累累,也不责怪。这时,如果有堂兄弟们上下走过,好奇地停留,母亲便会说:以后来和阿明一起下棋。

我们把181枚黑子和180枚白子分别放入两个父亲抽完烟丢弃的圆形烟筒。单调寂寞的一个月,终于被一丝成就感代替,再画一张棋纸,更像是大功告成的一种仪式。

我与小弟开始在拐角摆台对垒,也有堂兄弟或邻居闻讯参加进来。可是,我们的下棋水平始终停留在"叫吃""做眼"的程度,一点没有长进。多年后,这副自制的围棋不知缘由地丢失了,让我痛惜不已:年少的艰辛中,第一次表达自强的物体,可以这样轻易地被抹去了。

我喜欢看书了。好像更喜欢看那些隽永、感情丰沛的散文。没有钱买书,就抄书。

还是在假期,还是在那个拐角。这时,红木凳子成了书桌。我用黑漆封皮的横线簿一口气抄下了何为的四篇散文:《第二次考试》《两姊妹》《最初的带路人》《石匠》。说不出为什么喜欢何为的散文,大概是当初能看到的散文中,他的是最能打动我的。也抄了巴金、刘白羽、魏钢焰散文的大片段落。记得还有一篇写女化学家侯毓汾教授的报告文学《女教授》,也被我全文抄录。从西窗射进来的阳光,透过斑驳的梧桐树叶照到拐角,已经暗淡了。孩时的眼睛真是透亮啊。

"文革"时我已是初一的学生。偷偷看了《居里夫人传》《进化论与伦理学》，还有《约翰·克利斯朵夫》。居里夫人的美丽和对科学的探求精神，使我不仅抄了书的段落，还抄下了她的年谱。另外两本书，看得似懂非懂。但凡是我自认懂了的进化逻辑和激励人心的地方，仍然抄了不少。抄这三本书，我单独用了一个本子，把它们抄得更为端正，想着日后可以再看。几十年之后，我从书橱底层翻出这些本子，黑漆封面之间已经粘连在了一起，内页里，挤挤挨挨的字体仍能看出当时的认真，抄的内容却不必再看了。少年时的懂与不懂，都化解在了生命的路途中，有的成了养分，有的随风飘逝了。

暑假最热的那几天，母亲会把草席当窗帘挡住火辣的太阳，太阳从草席的缝隙中透出几许亮光。我抄得想歇手的时候，抬头，会看到母亲穿针引线的背影，她的背上有一大片汗渍。这时，她头也不回地对我说：拐角太暗了，你不要抄了，害了眼睛。可是，她摆绣花架子的地方也很暗啊，为了交货换钱，她自己来不及抬头让眼睛休息。我一直奇怪，她怎么知道我正想歇手呢？

我要去下乡的那一年，临近冬天的时候，母亲把一楼公用厨房的煤炉子拎上了拐角，在这里做饭烧菜，省去了上下楼梯的麻烦，她已感到了体力的衰退。

母亲烧的菜在妯娌中被公认是最好的。炉子放在拐角后，我有时便在炉边学两下。后来我煎的抱腌带鱼，两面黄而不焦，得到母亲的称赞。

在煤炉边"锅碗瓢盆"几天后发现，备用的锅盆放在炉边地上太过杂乱，倒可以在门右边的墙上搭个板架，让它们"升空"。我跟母亲说了想法，她不置可否，可眼神告诉我是允许的，只是她不相信从没拿过木锯的儿子会做木工活。

借来了锯子，备好了螺丝刀和榔头。家里正好有四根废弃的凳脚和一块一米多长的木板。我必须在一天之内完成这项"工程"，因为父亲下班如果看到狼藉一地，他会厌烦。他从乡下回城上班了，我要尽量不触动他内心的焦躁。

拐角成了我的"工地"。我在每根凳脚的上端锯出一90度直角，下端凿出一个凹口，把凳脚的上端与屋顶阁楼的正方形横梁贴合，敲上钉子固定，把木板插入四根凳脚下端的凹口，一个半空的搁板就做成了。巧的是，两根横梁之间的宽度与木板的长度正相吻合。现在回想起来还记得很清楚，上端有一根钉子钉了一半，凳脚已裂，是敲弯了钉子，强行固定的。

"落成典礼"一结束，母亲便和我们一起把锅、盆和散放各处的瓶、罐放上了搁板。她笑得欢畅而满足：阿明做啥，就像个啥！此言一出，我欣喜不已，心中的自信暴长。母亲这时的表情，给我留下深深的印记。

不久，我北上大兴安岭下乡。我的背囊里有那几本黑漆皮的本子，母亲的嘱咐中，我悄悄加入了在拐角边赞赏我的话。在大森林里的帐篷内，翻开黑漆皮手抄本，想到母亲的赞扬和表情，我便想起家中的拐角。那是一个给了我温暖和信心的地方。

我成了一名伐木工人，在森林的雪地里，我握着弯把锯，向着山谷高喊"顺山倒"，清音回旋。在贮木场抬原木上垛，我跟着那位矮墩的"头杠"，应着号子，不久，脖子后也鼓起了大包。晚上，坐在炕沿，与"头杠"喝食用酒精，下"酒"菜是玻璃瓶的猪肉罐头，有近寸厚结冻的猪油。酒、肉、油，一起下肚，香极，过瘾！"我也能干！"使我长成为一条青春汉子，只是北地森林里风雪漫漫的日子，让人变得粗砺。

我知道，我心中的那一点不甘和不服，有部分来自家中那个有着母亲的目光和身影的拐角……

青春时光与《两地书》

我们的青春时光，没有书。

冯老师家有书。她是我小学高年级的语文老师，经常在课堂上读我的作文。再加上，她还教过我二姐，于是，我与二姐小学毕业后，与冯老师都常有联系。去大兴安岭下乡前，到冯老师家告别，见她家一排墙的书柜上装满了书，便提出要借书，能在东北的森林里感到无聊时，消磨光阴。

没想到，冯老师一口答应了。不知道她当时有否想到，书随我赴千里之遥，还能还否？况且，这书绝大部分是她先生的，她先生曾是北京中国人民革命军事博物馆的一位研究人员。一定是当老师的，对自己学生下乡将面临受苦的同情，超越了她对书的珍惜，也无以顾及她对先生嗜书的尊重。

我看过鲁迅的小说和散文，再加上当时鲁迅正热，视作伟人，我挑了一本鲁迅与其夫人的通信集《两地书》。想着生活中的通信，总会比较轻松，可在下乡劳动后闲读，还可在火车上解闷。似乎也有"两地书"三个字，引发了我远离父母后的悲切想象。这是一册精装本，还是全集中的一本。硬封面，洁白色，有寸把厚，拿在手里，沉重而高雅。

我不知天高地厚，从书柜拿出书求于老师。她只说了一句话：

拿去吧，明年探亲时，记得带回来就行。目光里，满是母亲般的怜爱。

从去火车站开始，我就把《两地书》带在身边。在一阵哭天喊地的分别之后，车厢安静了，我把《两地书》拿出来，放在车窗前的小茶几上，想随时翻看，潜意识里，也有一个小文青想显摆的虚荣。整个车厢，只有我的面前摆着这本精致的大书。

火车晃荡着，我和同去下乡的三姐面对面坐着，各自在想家。思念、忧伤、无望，搅得我心绪不宁。翻开过几次《两地书》，却看不下去。伟大的鲁迅与许广平的通信里，写的大多是日常之事，这对于我这个尚不谙世事，也不研究鲁迅的十八岁孩子，实在没有吸引力。

到达大兴安岭时，正是严冬，是伐木的最好季节。森林里大雪覆盖，寒气逼人。我们在一个叫盘古的林场上山伐树、抬木，下山回帐篷，倒头就睡。无尽的疲惫和经常狂野的豪饮，正使自己变得粗砺。伟人的日常记事，已在我心中变得遥远和无聊。《两地书》已经被遗忘在父亲年轻时用过的那个小皮箱里，尽管小皮箱就放在床铺前。

两个月后，我们搬到山上一幢新盖的木刻楞房里，那里离采伐点更近。二十几个男知青住一大间，几个当检尺员的女知青住小间。木刻楞房烧的地火龙，穿过通铺下取暖，门外有偏屋，是地火龙烧柴的膛口，不远处堆着当柴烧的桦子。

那天晚上，突然有人叫：起火啦！大家一跃而起，冲出门外，男女知青只在内衣外披上了那件绿军大衣。站在二三十米外，眼看着火光瞬时冲天！周围是墨黑的树林，上天是墨黑的无穷，墨黑背景下，巨大的红色火团，吞没了整幢房子。我们惊呆在了恐怖里！没人想到去抢出什么东西，知青们也没什么东西可抢。三姐说，父亲的小皮箱烧掉了，这可是他传承给你的。我突然想到，冯老师的《两地书》被烧没了，我回去怎么向冯老师交代？

两天以后，我走进了废墟。在放小皮箱的位置上，我蹲了下去，用小树枝拨弄着那片灰烬。我分辨不出，哪一堆灰烬，是属于《两地书》的。再伟大的书籍，在熊烈的大火中，也没有能留下哪怕是丝与毫的纸片。我的脑海中，呈现出冯老师家中书柜，那排鲁迅全集的空格。我知道，她的爱书的先生，要感到永远的缺憾了。

第二年春节探亲回家，我不敢去看冯老师。也许，已心存对《两地书》的隔膜。

年少的无知、胆怯、随性，让我与冯老师从此无缘再见。

几年后，我离开了大兴安岭，去了另外一个城市。我把青春和那本《两地书》，永远留在了大兴安岭的深山密林里。还有对冯老师的歉意。

每次回上海，只要见到二姐，就会问，冯老师身体还好吗？她说，冯老师经常提到我，只是从不提及那本书。多年后，二姐也与冯老师失去了联系。她说，如果冯老师健在的话，已过百岁了。

下乡四十周年时，我重返大兴安岭。站在林场公路边，眺望茫茫林海，那个曾经火光冲天的山头，已经无法辨认了。《两地书》的灰烬，早已融进了森林里的泥土。冯老师对我的同情和关爱，也早已融进了我的心魂。在我长久的怀想中，"失信"这两个字却难以抹去，它承载着一个学生对老师永远的愧疚。

森林里的《山楂树》

那时，正值年少，天天穿行在北方的森林里，那地方离俄罗斯很近。不知为什么，特喜欢哼《山楂树》这首歌。不仅是我，几乎是所有的知青同伴。以后明白，这首俄罗斯爱情歌曲的旋律里，一种淡淡的忧伤，契合了离家千里的青年男女的心思：有离愁，也有正在萌发的爱意。

其实，这还是个不懂爱情的年龄。于是，这首歌成了我们抒发心中迷茫、忧愁、向往时的情感通道。它伴随着我们生活的日常，也伴随着生活中发生的重要事件。

汽车拉着我们到达目的地已是晚上，我们穿着绿色军大衣，踩在齐膝深的雪地里走向帐篷。当我们第一次躺在密林深处帐篷里的时候，有人就哼起了《山楂树》。似乎与歌词无关，他哼唱得含糊不清，是用旋律表达着，他想家了。

带领我们开发贮木场的，是一位闯关东的山东汉子，粗壮、脸上满是疙瘩，说话精鬼而油滑。我们怀疑他是逃犯。他可怜着我们，又贬视着我们，还夹杂着对城里人的嫉妒。看我们砍大树，动作笨拙，使不上劲，更是连已锯断的原木也抬不起来，他嘴边的讥讽，让人心生恨意。休息时，我们斜靠在树堆旁，心中满怀着压抑。那位最小的"白面书生"又哼起了《山楂树》，他把曲子的旋律哼得缓慢而悠长，这让我听出了他心中的惆怅。我凑过去，轻轻问他，骂你啦?他比我还小两岁,"逃犯"在他面前说话毫无顾忌,经常甩他重话。他不回答,歌声却停了。两眼看着远处的树梢,满是忧郁的神情。我对着阳光下"逃犯"的背影,狠狠地骂了他一句。

一年过后,我们林场的知青和邻近林场的知青在火车上打架,双方都有人流血。火车尚未开出林区,发现知青闹事有人受伤,马上要求司机把火车倒开回林场车站。那时,知青闹事是个敏感问题。两伙人都有点紧张起来:火车倒开回原地,这是多大的事!只知道火车是讲究准点的,能让倒开,一定要被当作大事处置。双方都被吓住不动了,心中忐忑不安。过了好一会,又有人唱起《山楂树》,马上有人跟随着一起唱,唱得快而响亮。似乎"列车飞快奔驰,车厢里灯火辉煌",很像歌曲表达的当时的情境;而当唱到"美丽的山楂树,白花满树开放"时,这首抒情的歌曲,几近成了进行曲。那个出手最凶的大个子"黑炭"发泄般地嘶叫。后来有人说,那是他在掩饰自己的害怕,也有人说,那歌声里其实也能听出他心中的迷茫。

那天傍晚,好友"博士"与我在山腰的铁道线上漫步。远处,新盖的灰白色砖房里,传来《山楂树》隐隐的歌声。他突然与我说了一句鲁迅先生的话:"不在沉默中爆发,就在沉默中灭亡。"我不知道他在这时为什么说这个话,但是,我的沉寂而无望的心,却有了跃跃欲试的动感。于是,《山楂树》的旋律中听"博士"讲鲁迅语录的画面,便永远留了下来。在与他分开几十年后,这个画面,我仍然不断地与人说起。

一首歌伴随人的一生,这首歌一定承载着年轻时的情感和思绪。《山楂树》是我森林里的青春旋律。回城以后,也成了我执意要去俄罗斯旅游的理由。

在浩瀚的森林里,我们开始面对生活,艰难地长大……

盘古之餐

绿皮火车进入林区的最后一站,叫盘古。这儿离我国"北极"漠河,仅一百多公里。高山密林,冰封雪冻。夜晚,几十个十七八岁的江南孩子,踩在站台吱嘎作响的积雪上,一见到这个站名,荒蛮的恐惧从山间飘散而来。

铁道兵用卡车把我们拉到几座帐篷前。月光下的雪地凛冽地铺向黝黑的树林,总觉得林子里有绿晶晶的亮点。两堆篝火正旺,几个脸盆里热乎乎的面疙瘩汤,飘着猪肉和蘑菇的香味。三四个战士满脸堆笑,把面疙瘩汤一碗碗送到我们手里,有点像哄着。

五十年前的大兴安岭,白面稀贵。山林雪地里,在篝火上做出这一盆盆面疙瘩汤,是兵哥哥一片暖暖的心意。可是,一肚子大米饭余香的我们,捧着这高寒极地里的绝好面食,人人开始想家。

第二天早晨,太阳升到树梢之上,从帐篷里钻出来一张张迷迷瞪瞪的脸,看到帐篷边的雪地上,都是面疙瘩汤的残羹。

林场组建不久,采伐、锯木、挖树根、辟建贮木场。出着大力,酣睡无梦,恐惧退隐在了森林里。

一日三餐,高粱米饭、大楂子粥、玉米窝头轮着。食堂的厨师,天天在大黑锅里搅动着土豆丝、土豆块、煮白菜、白菜汤、土豆炖茄子。没肉,少油,放点红辣椒末子。

我们不在乎食堂小黑板上的食谱,开饭前去瞄一眼,不见新花样,便回宿舍点上煤油炉自己开伙。从帐篷外走过,女宿舍飘出的饭菜之香浓郁而丰富:大米饭、蒸香肠、鱼干蒸咸肉、几片酱肉炒一盘大白菜。要好的老乡,把各自烧的菜放在一起,共餐。我的一个温州同室,大大咧咧去女朋友的帐篷蹭饭,回来满嘴油腻鱼腥。我煮着筒儿面,放入白菜和咸肉,与邻床小陆一人一碗,他从自己的杂物箱里掏出了两个松花蛋。

一边吃着,一边有家里邮包隔三差五寄着,有铁路慢件托运着。在帐篷里大通铺的"餐桌"上,一天又一天,与父母黏合在一起。到了节假日,食堂供应大米饭或馒头,各自拿出最大的碗盆,能买多少装多少。好几个女知青,一顿吃一斤大米饭、五个二两一个的馒头。

人人都扛不住日子的磨砺,你的胃总要渐渐成为窝头、土豆的磨房。青春正蓬勃,不好意思再让父母千里之外养着。与邮路、铁路慢慢疏远了。于是,与食堂亲近起来。

更想与司务长亲近。开饭时,司务长亲自在窗口打菜。这个瘦削、大鼻、厚嘴唇的山里男人,三十出头,单身。他手中的勺子,灵敏着对谁近,拒谁远。哪个女知青笑着脸,勺子便满得隆起。男知青与他嬉皮笑脸,私下递烟。"木讷"的男女,便永远被"公事公办"。后来传出,他要在女知青中找个相好,成家。一时,让男知青不服:凭什么?

此言并非空穴来风。司务长的权力,不仅是手中勺子,食堂的仓库里,堆着大米、白面、食油;挂着猪、羊、牛肉;地窖里,黑木耳、干蘑菇、金针菜让人惦记。这些年节时才让我们亮眼的食物，司务长却是可以随时请它们上灶的。这样的诱惑，常让我们涌动各种非分之想。

不久，一位圆脸、微胖的同伴，成了司务长的妻子。

曾带头打群架让火车倒开回盘古车站的"黑炭"，恶狠狠地对我说，找机会，教训一下司务长，他那把勺子太不老实。

婚后的木刻楞小屋，不时可以闻到韭菜猪肉馅水饺的飘香。路过的我们，在高粱玉米土豆白菜的养育下，熬着。

那年春夏之交，林区又传火警。全体男人出动，打火。中午，前面传来，我们会在不远的一个军营吃饭。雀跃叫喊，回荡山谷。

每张圆桌上放了四个脸盆，每个菜都有大半盆子。大白菜炒肉片，小鸡炖蘑菇，冻豆腐、酸菜煮粉条，茄子、土豆与圆椒同烩。大米与高粱同煮的"二米饭"，每人至少添了两次。闷声吃，吃完，"黑炭"对着一战士嚷嚷：你们要不要人，我要参军！

我离开盘古时，司务长的妻子已是两个孩子的母亲。夏天，见她一个人向着新盖的红砖食堂走去，薄薄的短衫，胸前一晃一晃，已如一个闲走街市的东北村妇。四十年后，我重返盘古，听说司务长已经去世，这个女知青成了盘古唯一留存的江南女人，一个苍莽、静寂的山林里有着绵软口音的老太太。

在穷困的大山深处生存，男与女，会围着胃，缠绕出炫目的情感。祈愿她今后的日子，在林子里，安宁。

疙瘩汤、大盆菜，是饥寒中的温暖。进入盘古这片原始浩瀚的密林后，我吃了几千顿高粱、窝头、白菜、土豆、大楂子、小米粥。现在想起，清冷的食堂里，大锅粗碗浮升的热气，会从遥远的山林里飘来。孕育出司务长与女知青爱情的这些寻常日子，这寻常日子里的吃食，让我们从里到外都变得粗糙，还有了几许貌似洞悉的眼神和不羁的举止。

人臣服于食，自觉而无奈。不经意间，一回头，匆忙的行迹里，年少的模样，找不回来了。

当初脚踏站台时，乱想：神话中的人物盘古，是在这密林雪地里，吃着野果树叶延续生命、开天辟地？月光星空，我向着森林静穆的远处望去，不知道想看到什么……

眼　神

我们进入了乌兰布统草原的腹地。空旷、辽远。绿黄色的草铺展到了天边。蓝天下隆起的草坡上，孤独地立着一棵歪斜的白桦树。

司机开着吉普，在没有路的草原上，恣意狂奔。

不经意间，出现了一大片牧场，一直延伸到远处的山下。深褐、浅黄、黑白相间的牛，或躺、或站、或漫步、或低头，散落在草地上。我们"哗啦"着声响走近它们，没有一头牛出现异常。这样的不以为意，让我感到亲近。最近处，一头母牛匍匐于地，头扬着，两头小牛依偎在身边。我走过去，悄悄地，怕惊动它们，它们却纹丝不动。母牛的眼神安然、平和，有一种慈爱的神态，和自己孩子在一起的温情，都表达在它的眼神中了。草原是它们的家，它们与大自然融合在一起，显得舒坦和心安。

那年，草原有旱情。阳光下，初秋的草，散发的气息熏暖迷人，不知名的小花，摇曳着黄、白、紫各种色彩，偶尔有牛的低沉的叫声传来。在牧场的不远处，我忍不住躺了下来，让身子沉入在草原的怀抱里。远处的山，是大兴安岭山脉的余坡，年轻时，我曾经在大兴安岭的森林里生活过。

望着无尽的蓝天、母牛的眼神，让我突然想起，那次在大兴安岭的深山里,"勃留克"宰杀一头羊时,那羊的眼神,自然还有杀手"勃留克"的眼神。顿时,有一阵痛惜和念想在我的心头掠过。

是夏日,连下几天暴雨后,山脚下那条林间小道被淹在了水里。从山上木刻楞小屋的窗户往下看,山谷成了一条河。我们的物资补给线切断了,而粮食、白菜和土豆已所剩不多,每天只能吃两顿饭。饥饿正向我们袭来。

十几个知青在小屋里神侃、逗乐,那个外号叫"勃留克"的66届初中生,正吹着土豆含有的蛋白质和纤维素,并和人打赌,可以答出美国50个州的州名和州政府所在地。有人随即把10元人民币甩在了炕上。谁会相信呢?质疑声、取笑声四起。

突然,有人惊讶地说,有羊在叫!

大家"呼"的一声全下了炕,冲到门口。只见五只山羊正挤在木屋旁搭出的厨房里。

羊是从哪来的?大家疑惑丛生。原始林中没有村落,也从没见过村民。

有人大叫:管它哪里来的,先宰一只吃了再说!

一片呼应之声!

谁来宰?带队的老伐木工不吭声,知青们你看我,我看你,没这个胆,也不知怎样宰。

"我来!""勃留克"站了出来。只见他把皱巴巴的蓝中山装袖子往上一撸,扣得严严的风纪扣也没有解开,回身抓了一把砍树的大斧。有人把最肥大的一只羊牵到了屋子中央。"勃留克"把大斧高高举起,大斧的平面重重地打在了那只羊的头上。"勃留克"的眼睛瞪圆了。连打四下后,羊瘫软了,慢慢倒了下去。

瞬间,"勃留克"的斧子停留在了半空,他的眼睛盯在了羊的脸上。大家走近一看,只见羊的眼睛流出了泪水,满眼是哀伤和痛苦。

这是谁也没见过的、濒临死亡的羊的眼神!那眼神中的柔弱和无奈震惊了"勃留克"。他紧锁双眉,蹲在了羊的身边,默默地看着羊流泪,直至羊闭上了眼睛。他站起身,把大斧狠狠地踢到了墙角,惊得另四只羊一阵哀叫。

羊肉很快在大锅里沸煮,羊肉的香气夹杂着嬉闹,飘散在整个木刻楞小屋。

这时候,雨停了。我发现"勃留克"正在屋后的林子里溜达。大家叫他快来吃肉,他也不理。而他飘来的眼神却让我的心里一惊:本已暴突的两眼充满自悔,没有光的眼白,流露着哀怨,在他把头扬起,眼望着树梢时,我发现他脸上有无尽的惆怅。

屋里的炕上围了好几桌,久违的酒香、肉香,让每个人醺醺然。"勃留克"走到炕边,没吃一口肉,没喝一口汤,在灌下了一大碗白酒后,又转身离去。我发现,他长年紧扣着的中山装风纪扣,这时却解开了。

我躺在草原上,舒适的初秋的风,从山那边吹来。大兴安岭的深山里,已经没有了知青。我与"勃留克"也早已分居在了不同的城市里。曾吃了羊肉、喝了羊汤、灌了白酒的我,几十年来,一直记得"勃留克",记得他自悔自怨的眼神,并且,在他的眼神中,体验着他在醺醺然的我们之外,心中的悲悯,带给他的孤独。

至今,我都不知道,是谁,为什么,给"勃留克"起了这样一个有着俄罗斯农村土味的外号。是因为我们的采伐点离俄罗斯边境的乡村不远？还是这个名字，与俄罗斯文学作品中哪个人物的性格相近？

现在，母牛、山羊、"勃留克"的眼神，同时在我面前出现，仰天的我，仿佛看到了这些眼神背后表达着的问话。人、动物、自然，该如何相处，这世界才是平安的，人的内心才可以是坦然而宁静的？尽管人需食肉，但"勃留克"内心的挣扎，终究显示着人性的善良，而这种善良会提醒我们，让人类面对动物时，不至残忍。

我起身，去向母牛和它的孩子道一声别。其实，是想再看一眼母牛那温和沉静的眼神，和那一幅弥漫着爱意的安适画面。

蓝　莓

我喜欢蓝莓,不是因为它是当下时尚的水果;而是因为,我常记得,年轻时,躺在北方森林里蓝莓树丛中的日子。

那时,大兴安岭的夏天,满山遍野都生长着这种蓝色的小野果,不叫蓝莓,叫都柿。不知道是谁、什么时候,把都柿叫成了蓝莓,把一个山野气息浓郁的果名,改得有了贵族意味。

休息日,食堂开两餐饭,中间有大段无聊时间,便约了当地老乡们去山林闲逛。樟子松茂密的树林里,翠绿阴凉、野果遍地。走累了,便躺下。低矮的都柿树丛就在身边,左手摘、右手也摘,塞进嘴里,算填充一下我们吃不饱的肚皮。我看他们、他们看我,每个人的嘴唇都是紫红的。林子里可真安静,只有鸟儿偶尔的鸣叫。我们被淹没在都柿的树丛中。用都柿果偷袭对方的打闹声,在树林间一波波地传送。有人穿了浅色衣服,便留下了紫色的果汁痕迹。

老乡告诉我,都柿生长在寒冷的山地。经历漫长一冬的蛰伏,森林里肥沃的土地把精气赋予了它,夏天结出的果,看似玲珑,却如精灵般地集聚着营养。在我国,只有在大兴安岭的森林里,才能大片生长这样的野果子。小兴安岭也有一些,那在北侧,量也少。

那是我与山林、与野气自然接近的年代。

回到南方,并不见有都柿出售。我经常向亲朋好友"炫耀"这个生长在森林里的神秘野果。蓝色、裹着一层白霜、又酸又甜的小果子，常让他们觉得，在森林里扛活，也并不是天天苦难！

突然之间，城市街头的水果店摆出了叫"蓝莓"的小果子，价格奇贵。我认真地对小老板说：那叫都柿，在大兴安岭森林里到处都是，怎么卖这么贵？你们搞错了！小老板白我一眼，就像遇见了一个乡下佬。

几年前，我回了一趟大兴安岭。熟悉的山里老乡，也已年近六十，捧出一碗都柿，上面铺了一层厚厚的白糖，说：今天请你吃白糖拌蓝莓，去了酸味。

"这不就是都柿么，怎么你也叫它蓝莓了？"拌了白糖，都柿的酸味淡了，却也少了林子里的气味。

"那是哪辈子叫法了？你们走后，林区里搞起了多种经营的加工厂，有了果子干、果子饮料，后来就叫蓝莓了。"

我们去参观了一家蓝莓饮料厂，厂房的院子里，摆了一大片盛着蓝莓的大筐。陪同人说：这都是山民上山采摘，送来的，是野生的果子，这饮料是野生果加工的。

我们相信。车行一路，未见有人工栽培的蓝莓树丛，而此时，距离我国蓝莓栽培技术的成功，已经有多年了。我尝了饮料，有浓浓的都柿味，水汁中，还有果子的颗粒。同行的企业家当即订购了一批。他说，现在哪里还有用野生水果做的饮料？

离开大兴安岭时，让我感觉到了森林里的变化。但是，只要樟子松下的野都柿还在，一年复一年，这森林里蓝色的精灵，便仍然会告诉我们，森林里原始的神秘还在。浩瀚的林区就不会盲然而无奈地退化，变得面目粗陋。

我心里，是害怕着野都柿的消失。

今年初夏，去小兴安岭的伊春疗养。车在森林公路行走，两边不时看到大片的蓝莓树丛，油绿的、矮矮的，排列齐整。导游说，这是人工种植的蓝莓，小兴安岭的野生蓝莓，现在不多了。你们去买蓝莓果子，要分辨野生的和种植的，特别要认清用其他果子加工假冒蓝莓的。

我心里着实"咯噔"了一下。小兴安岭的山民怎么"进化"得如此之快？人工栽培一成功，就一下子假货泛滥了？

去景区，大门前两排长长的商铺，几乎都在出售蓝莓。蓝莓干果、蓝莓糖果、蓝莓饮料、蓝莓饼干，包装缤纷、形态各异，仅蓝莓干果价格高低就相差百元。打开样品，有小如黄豆的、有形如葡萄的，孰真孰假，让我这个曾经口中塞满野生都柿的大兴安岭老山人，在一片乔装打扮的蓝莓面前，目瞪口呆。我成了只识村姑、不辨贵妇的乡村土帽。一片色彩斑斓中，哪里还有野都柿的踪影？

终于搞清，"蓝莓"二字是一学名，至于土名，各地还有不同叫法。北美、俄罗斯也有蓝莓分布。此果子有花青素等重要营养物质。当它要打入市场时，"都柿"二字太土。于是，力图高贵而扭捏作假，便在原始森林边突起了。

行走于小兴安岭的森林中，白桦挺直、涧水清澈，植被的丰富要优于大兴安岭。林间绿荫匝地、清新凉爽。心中祈愿，这样的原始林能天长地久。

我仍然怀念着大兴安岭，我终究在她的怀抱里曾塞满一嘴的都柿。尽管都柿已被改名为蓝莓，我相信，都柿带有的森林野气和原始精魂，大兴安岭的山民不会轻易地让它流失。

我执念，森林里的野都柿，不改名，行吗？

青春遥远

我的青春遗落在北方那座大山的森林里了。那个地方叫盘古。

第一次听到"盘古"两个字时,首先感觉到那是一个荒蛮之地。小时候读到的句子"自从盘古开天地,三皇五帝之于今"立即浮现了出来。那是一个多么遥远而杳无人烟的地方。

十八岁时,我年轻的生命融入了那片绵延的大山里。冬天,每天上山伐树、抬木,去冻结的小河里砸冰取水。在艰难困苦中迸发着力量,在嬉闹打斗中排遣前程的无望。无数的生活场景,染上了孤寂、无聊、凄惶和也许生动的色彩,长久地印刻在我的记忆中。

很多年后,我重新站在盘古的山道上,年少时的迷惘已经释然,无奈也早已被认为是成长中该有的经历。我的思绪和眼睛都在寻找,苍茫的森林里,那些已经远去的青春曾经落脚的地方。

山脚下不远处就是贮木场,这是当年我们伐掉樟子松和白桦林,挖去树桩,平整出一大片林中空地后建成的。听说要建设全国第一大贮木场,大家争分夺秒拼命猛干。有一次下大暴雨,也不曾停歇。我曾经用诗记录下当时的场景:"电闪、雷鸣、雨骤、歌高、号响、笑欢,楞场[1]见英雄,抢斧挥镐奋战,志壮言豪,电雷雨炼心

---

[1] 楞场,当地人对贮木场的另一种称谓。

赤。"年轻时的激情,现在想起来,仍在我的心里荡起一阵阵波澜。盘古人说,这个贮木场目前仍在全国算大的。秋阳碧空下,小山似的木材一波又一波起伏着连天而去,笔直的铁路线在中间穿行而过。眼前这图景,是我们用青春的魔力和汗水勾画出来的。

  远处的山坡上,那座木刻楞屋子已经不在了。那是当年我们进山伐木时自己建造的"森林别墅",门前屋后,高大的樟子松陪伴着我们。有一年盛夏,几天大雨,无法出工,只能天天躺在炕上,身边除了靠着的铺盖卷和窗外的雨声,什么看的、听的都没有。全屋五六个人,连聊天的话题都找不到了,看着天花板,寂寞难熬。一个剃了光头的上海知青突然说,我们就比比谁的屁股白吧!还没等大家反应过来,他麻利地脱下裤子,撅起了屁股。全屋一阵哄笑翻天。一位老伐木工冲过来,在他屁股上很响地拍了一巴掌。这清脆的响声,至今在脑际回响。遥看远处浩瀚的山林,我突然很想念这位脱裤露腚的同伴。几十年未见,你现在还好吗?

  沿着左边的山道走,可以见到一片湖泊。记得第一次进入这里时,是冬天的傍晚,湖上的冰雪白得透出浅蓝,在树林的环抱中弥漫着宁静圣洁的意境。后来,凡是读到"宁静圣洁"这四个字,便会想起这个画面。我把这四个字简化成"宁白"两字,用作了我的笔名,以此纪念那次过目不忘的巧遇。

  过了那个湖,就是茫茫无边的草甸子了。有一次森林大火,我们背着干粮,不知在草甸子里走了多久,却未见火苗。当我们走出草甸,见到公路时,几十个人的震天欢呼,让这片原始的草甸子第一次听到了年轻人的呐喊。草甸子没见到火,可是,几天后的晚上,我们的木刻楞屋子着火了,漆黑的森林之夜,冲天的火光令人恐怖。没有任何东西可以用来灭火，每个人都拿出自己认为最重要的东西，站在远处看大火燃烧。

在"森林别墅"的那间大屋子里，我们曾经点起蜡烛开追悼会，送别一位被倒下的树枝砸死的上海男知青。追悼会前，我们已经在森林中安葬了他。现在，面对起伏的林海，我清晰地记得他的笑脸，记得他伐树时专注的神情。他在眼前这一片森林里已经躺了几十年，听当地老人说，他的坟头已经无处寻找了。曾经从上海赶来送别儿子的悲痛欲绝的母亲，不知后来有否再到这里寻找她孤单的独生儿子。

青春遥远，如果仅仅是空间上的，那我们还可以与这遥远的青春重逢，就像现在，我行走在青春年代走过的山道上，走回青春的影像中去。但是，青春遥远，却更是时间上的，青春是生命过程中最容易消逝的一段时光，在青春过后悠长的岁月里，只能让人遥想，引人追念。有时，我会这样自我安慰，正因为可以遥想和追念，青春也会永远伴随我们一路走去。每个人的青春都是热血偾张、色彩斑斓而富有活力的。遥想和追念这样的青春，会使你的生命不老。

我向我曾经的盘古再一次告别的时候，带回的是我四十年前永远的青春……

像月光与玫瑰同时出现

最近读学者柳鸣九先生的《种自我的园子》，其中有记述朱光潜先生一文，这让我想起我的大学美学老师。

上世纪八十年代初，我考入杭州大学（现并归浙江大学）夜大学，学习中文。同学中大多是在田埂、草原、森林中历经艰难的回城知青，胸无文墨、心思补学，个个粗砺而饥渴。对我来说，美学是一个全新的知识领域，有着探求的渴望。五十多岁的美学女老师讲课深入浅出，舒缓简约，每次上课，人都很齐。

那天，老师正讲着朱光潜先生的美的移情理论，循循诱导人的心境和意识在审美中的作用。突然，灯灭了，教室里一片漆黑，同学中出现了惊讶和纷乱，老师只是短暂地停顿了一下，继续着她的讲解。这时，我看见月光从树叶的缝隙中洒进来，照在靠窗的一排学生身上，黑暗中的教室有了亮光。穿着裙子的老师在课桌间走动，颀长的身影朦胧、飘逸。教室里忽然有了非同寻常的安静，老师所讲的"人的情趣和物的姿态往复回流"这样陌生而新鲜的内容，让我们似乎受了一次洗礼。以至下课前灯亮了，大家仍然没回过神来。

每个同学都记住了这堂课，记住了在黑暗中听讲时自己的心理感受。我还牢牢记住了朱光潜这个名字。

不久后的又一堂美学课,老师由她的先生背着进了课堂,我发现,老师的小腿绑着石膏,她微笑着向我们致歉,身靠讲台,依然站着。这堂课讲了美感教育是道德教育的基础功夫,还是朱光潜先生的美学论述。我记住的话是,一个真正有美感修养的人,必定同时也有道德修养。对当时的我来说,这真是一个生疏而富有哲思的话题,又觉得美妙而温馨,似乎在一片荒芜的田野暗处,点亮了一盏暖暖的灯。

我去买了朱光潜先生的书看,也关注起了有关朱先生的故事来。

上了北大经济系的"插友"告诉我,有一次,一位同学在未名湖畔读朱光潜先生的美学译著,朱先生正好路过,告诉她,不必读这类书,没什么新东西,译得也不准确,要读原著。这位同学不认识朱先生,看着这位清癯矮个老头的多嘴,甚为气恼。直至路过的一学生向朱先生问安,才知道遇见的正是自己的偶像,她顿时怔住。待她起立要向朱先生致歉时,先生已踽踽离去。她说,一生的仅见,让她一辈子铭记。

很多北大人都看到过这样一个场景:晚年的朱光潜先生坐在他寓所门前的石头上,身边放着一堆玫瑰花,给路人每人奉送一枝。这时,朱先生的两眼视力已经很差,很难辨认出眼前走过的人是谁,他只是在传递一种美意,把心中的一种美感传导给路人。这是朱先生美学理论的躬身实践吗?按当下人说,很像一种行为艺术。我想,从这位矮小瘦弱的美学大师手中接受了玫瑰花的每一位老师、学生或者素不相识的校外人,他们心中的冲击,不仅有关美感,也有关一位学者出于善良的道德实践。

于是,我从杭州去了北京大学,探访未名湖畔的燕南园。

这时，朱先生已辞世多年了。走在那一幢幢灰色小楼之间，我不知道哪幢楼是朱先生的故居，也没找到传说中朱先生坐过的石头。小路清静、安逸，偶尔有路人匆匆走过。我在这里想象着当时的场景，想象"一身肃穆，不苟言笑"的朱先生，微笑着把红色的花朵递送过去，接花的人，惊讶过后，一脸笑容。这个曾经出现过如此美妙场景的地方，现在，仍有美的气息弥漫在我的周遭，让我沉浸。

我曾在朱先生的著作中读到过北大校长蔡元培在二十世纪初讲过的话，大意是，中国没有宗教，可以普及美学教育，用美育代替宗教，来提升中国人的道德水平。此说一出，不同见解纷起。但是，从我美学老师的授教中可以知道，朱先生是认同这个观点的。他在体弱的晚年无法上课，难以进行理论研究的时候，远远地丢弃了曾经的委屈，淡却了铭心的伤痛，以花送路人，是想告诉人们，赠人以美，可以美美相传，滋养人的魂灵。

在这安静的小路上，我的美学老师，与朱先生出现在了同一个画框里，就像月光与玫瑰出现在同一个画面上，一种沉静和雅致的美浮现出来。她也是一位美的传授者和践行者，暗黑独语、忍痛倚案的解惑和传道，都是给那时思想贫瘠、浅薄的我们，给予美学的启蒙、道德的引导。

离开燕南园，我在未名湖边漫步，看古塔倒影，绿荫满池。那位偶见大师的女学生，毕业后编剧的电影《青春祭》为一代人所熟知。她聆听到的朱先生"干扰"式的点拨，后来在北大的莘莘学子中流传，成为名校引以为傲的大师风范的一部分。

美学转化人的认知和行为，是一个润物潜心的过程。不易察觉，却终究会在人生的某一时段显现出来。一位夜大同学，把后半生用于开办一所礼仪学校，讲述美对人的心智、行为、道德的作用，常年奔波在全省城乡，还作文写书，成为当地一位受欢迎的礼仪美学的传播人。她的面容，因心地单纯而显得年轻。我一直想问她：那两堂留下记忆的美学课，究竟在你青春时光的美学空白里，涂抹下怎样绚丽的色彩？那些既有哲理又有诗意的美学课程，对你的人生选择有过"诱惑"吗？

我们的美学老师，该年近九十了。

在医院走廊里读诗

大医院的自动扶梯排满了人,说不焦躁,真是很难。我今天看的是消化内科,找个安静的廊角刷屏,慢慢等待。

现在,我没有了以往一进入医院便会有的焦虑。这让我想起,原先看病时那种心焦忧虑的情形,是因为不知病之大小、轻重,把小病想成了大病。十多年前,医生嘱我做肠镜,紧张得不知所措。父亲说,不要怕,即使患肠癌,也是一种不易转移的癌症。当时觉得父亲安慰得过于轻松。现在,回想已经离世的父亲的话,仍然感觉到我在父亲面前的无知表情。经历了"高等级"的疾病检查,经受了多次接近生命边缘的诊断,开始觉得,那些无关生死的病痛,都没有了患疾之感。

在走廊上候诊的面孔,有多少还只是留停在我原先的感觉上?

手机里存有插兄Z传来的他写的诗。青春时光,在大兴安岭的密林深处,我们在新铺就的铁道线上散步,他曾告诉我鲁迅的话:不在沉默中爆发,就在沉默中灭亡。在夕阳西下的森林里,他的话,留在了我消沉的心中,几十年未忘。Z兄后来一"爆发"考上了大学,再后来,当上了上海一所大学的理工科教授。退休前后,他患了重疾,在康复平稳的日子里,便喜欢上了写诗。写下他对生命的理解,写下他淡然、平散的心情。他说,生命如"一颗星轻灵，轻轻地来，轻轻地去"，"体验生命，回归本真，超拔寻常"。在一首叫《漂流》的诗里，有这样的句子：

好想有一间小木屋
在大海中央，流动的岛上
四周，也是鸟语花香

假如人间的善恶爱憎
无法分明，我宁愿去漂浮
追时空永恒，逐水天苍茫

在医院的走廊里，读这样的诗，让我忘记是在医院，周遭那些嘈杂、急切都已远去。我似乎觉得Z兄正向我走来，他真诚的微笑里，有了更多的沉静，这是一种不再企求"爆发"的坦然表情。我甚至想，远在另一城市的Z兄，如果这时来医院，带着这样一种对生命认知的高远和散淡，一定不会有那些患者的焦躁和愁容，会和我此时一样的轻松，甚至超然。

想起不久前，在另一家医院急诊注射室，碰到的一位中年农民工。他从工地里被人送来，右手中指砸断了，包着纱布，吊在胸前。他的有棱角的脸是微笑着的，坐在我挂药水的妻子邻座。在急诊室的一片焦急里，他的笑容，让我印象深刻。我与他搭话：

"你好乐观！"

他说："工地里这样的事不算啥，前两天，还死了个人。"

"手指断了，会把饭碗敲掉了？"

"我做的是木工，这个手指派不上用场，无所谓的。"语调轻描淡写，脸上仍挂着微笑。我发现，他的气色仍然红润。

这时，他用两只脚互相使劲，脱下了雨靴。带着歉意说："脚很臭，你们离开一点吧。"

这是我在急诊室见到的唯一微笑着的患者。我不知道还有哪些人能在断了手指后，仍微笑着与人交流，能顾及别人的感受而表达歉意。

只因他见过了同伴的"牺牲"，也明白自己在社会打拼中的"角色"，才会评判断指在这一"角色"中的意义。于是，一切都稀松平常。这是生活的磨练，使他能在断指后依然有笑脸展现在人人焦虑的急诊室。

不远处，有护士用话筒告诉病人，请大家按次序进入诊室。循声望去，人挤人，推推搡搡。更远处，有急速的吵嚷声传来。

读着Z兄的诗，想着那位断指的农民工兄弟，面对患者成"患"的场景，我蓦然有悟：病人就医时的言行，看来与他对病患的认知程度有关，也会受他生活经历的影响，甚至会不自觉地表达一个人对生命的感受。

那位在断指后有着笑脸的农民工，在我看来，是在艰苦的生活磨打中走来的聪明的"高尚者"，因为有着对身体和命运的朴素把握，使他呈现出急病不急的淡定和遇伤不悲的微笑。

我对自己能在医院的走廊里读诗，有点自我欣赏起来——我与农民工成了同一类人。断指有笑脸，心静能读诗，似乎成了看病的象征姿态。

严

一个"严"字,这样凸显着,我感到峻厉,却也时时感到会有一种暖意浮上心来。

在我日常的心思里,这个字的不断泛起,与我的一次经历有关。

上世纪七十年代中期,我从大庆油田一个采油队调往油田指挥部机关工作,那时才二十几岁。我们的办公室靠近指挥部大院的一间会议室,指挥部很多重要会议都在这里召开。整个指挥部机关被称为"二号院",一律的"干打垒"泥墙平房,只有这个会议室是一层红砖瓦房,不大,却在这个简朴的院子里看着如同一幢别墅。

那几年,经常有中央和国务院的领导到大庆来视察工作,有时便在这个会议室召开会议。有一次,听说一位名字很熟悉的副总理在会议室召开座谈会,我放下手头正在校对的文稿,溜到旁边的会议室,趴在窗台上看热闹。我看到机关好几个小青年都来了,两个窗台前趴满了人。

可能是这位副总理看到了窗台前有人探头探脑,厉声责问油田的一位领导:老C,你们不是有"三老四严"吗?怎么这些小青年都不上班呢?这位领导赶紧跑出来对我们说:回去上班吧,别看了。态度挺好,脸上却十分尴尬。

我们一哄而散。心里满是对我们油田领导的同情。

回到办公室，继续校对我的文稿。可是，一时间，这位副总理的神态老是挥之不去，觉得他说的话，理是在，却严了点，有点小题大做了——看一会儿，我们自然会走。

谁知，一分心，出问题了。

下午，办公室主任拿着文稿来找我：你怎么搞的，有个错字没校出来，怎么往下发？去打个正确的字，一个一个贴上去！态度极为严肃，表情极为严峻，口气不容置疑。我想，他是知道我去趴窗台看热闹了。我突然觉得我的主任成了一个"严"字的化身，这个字，那么峻拔而又重若千钧！

几百份文稿啊！那时，用的是老式打字机，打在蜡纸上油印。我让打字员帮忙，在蜡纸上打了几百个同样的字，再油印了一份。

第二天，正好是周日，办公室就我一人，很安静。我没有任何理由埋怨主任。我看着印有同一个字的那张纸，密密麻麻地搅乱着我的眼睛。我强压着随时会冒出的躁乱，将每一行尽快剪成每一条，让压着我的方阵解散，又把一条条剪成一个个字，使这些字成为散兵游勇，它们"匍匐"在我的面前，我可以随意调遣。

无奈夹着自嘲。所幸，我还能清醒告诫自己，一个字、一个字去盖住错别字，千万不能贴歪，否则，这一行字就被这个字搞乱了。真是考验我的耐心。但是，看一纸"乱麻"的烦躁，却渐渐平息了下来，心静了许多。

这时，我觉得有点对不起我的主任。他在蹲点我们采油队三个月后，力主把我一个资本家加"右派"的儿子，从基层采油队抽调至油田最高管理机关，他要向有关领导和部门说多少我的好话！他自己要承受多大压力！我却调来没多久，就在办公桌前坐不住了，还出了差错。这一定令他非常失望。这样想着，我便把自己手里的活做得尽量仔细，来弥补自己的过失。每个字贴上去时，不仅不能斜歪，还力争这几毫米见方的纸修剪得不能过大、边角齐整。我耐着性子，让这个"插队"的字能较为"体面"地混在那一行字里。

一字百贴，整个周日就盯在了这一个字上。那种简单的反复带来的枯燥，使我这个小伙子尝尽了疏忽的滋味。

全部贴完之后，我看着这一大叠文稿，突然觉得，"严"的感觉慢慢淡化了，"严"这个字，没那么硬冷、肃然了。国务院领导的表情，也没有那么冷峻了。是年轻人藏不住心事吗？好像也不全是。我似乎醒悟，主任的严，不仅是对我不专一态度的否定，也是希望让人看到，他对自己选择的这个"有用之才"有着超乎一般的严格要求。他的严，满含着对我的期待。

趴在会议室窗口，而招致驱赶；一字之错，而引来"百贴"，如果我对文稿的校对从一开始就是全心沉入的，那么，这一切都不会发生。是我自己走近了这个"严"字，让它凸显在我的面前。

这时，我很像在自省。我知道，"一字百贴"会影响我今后漫长的日子。

多年后，我对一位学生说，不要把一个"严"字看作一座有压迫感的灰色的门，走过去，便看见阳光了。

一字搅人

走进赫尔辛基这座教堂,只是为了看一看它地堡式奇特的建筑。

穿过粗砺、用水泥砌成的大门,一阵轻缓的音乐弥漫而来。这不是悬挂在岩壁上的管风琴发出的庄严的宗教音乐,而是一种多乐器协奏,仿佛是从遥远的地方传来的乐声,沉静、平和、舒适。瞬间,我感到安宁和魂灵的纯净。就像那次躺在大兴安岭初秋的草原上,看蓝天飞云,听草动蜂鸣。

忍不住,在陈旧的长木椅上坐了下来,不管同伴们已开始走出教堂。

邻座,几位欧洲青年男女,聆听并记录着乐谱。他们对乐曲的陌生和好奇让我相信,这不是寻常的歌颂神和上帝的音乐。一个仆仆风尘的旅行者,可以突然被超凡的宁静震慑。我第一次感受到,音乐是这样让心灵得以抚慰的。

同伴过来,在耳边催我离开,我不动。当门外的嘈杂声一阵高于一阵时,我无法坚持了。

向门外走去,看到那一排赭红色的书,每一本都有寸把厚,随意一翻,是乐谱。突然意起,似乎有了它,就能握住那段音乐的键钮,键钮一按,浸润入心的音乐会流淌出来。我把它当作引示乐曲的物件，拿在手里。

回到家，把这本书，放入书橱的第二排，从两排书的高低落差中看到半截书脊，便会回到岩石教堂的音乐氛围里。这是我的一处隐秘之角。

一次，与人不经意闲聊教堂里的书。他说，教堂里的书，拿走，没人查你，但也是一种偷窃行为。

于是，这个刺眼的"偷"字十多年来，始终若隐若现地陪伴着我、缠绕着我，总想对我作出道德的审判。

我哪里有偷的主观意愿呢？只是为了留存一段纯净的音乐而已。

我自己，有足够理由，与这个"偷"字绝缘。因为，曾经有"掉"进书库，而不动邪念的经历。我似乎底气十足。

二十岁出头时，在大庆油田当采油工。我管理的几口油井，恰好离第一采油指挥部的图书馆不远。巡回一遍，记录数据，用时不多。在第二遍检查前，有一两个小时的空闲，便常去图书馆，在借阅处的小桌前看书。

这个图书馆，面积不大，书真不少。从借阅处的窗户往里看，书籍、期刊，满架，摆不下的，地上堆着。图书管理员是个女的，三十多岁。去了几次后，她让我进入书库去看，说，想看什么书，自己找。

有一次，她要出去买东西，说，我给你反锁上门，你尽管看，有人敲门，不用吱声。

我一下发愣。涌起了一阵欣喜。

真有人敲门。我屏息，不敢翻书。有些紧张。过后，便是尽兴找自己想看的书。她不在，可恣意。

几次"反锁"后，找人喝酒。

晚上，把他邀到萨尔图镇上的小酒馆。一间昏暗的平房内，半斤北大荒白酒，一碟浅浅的花生，两盘满满的水饺。我喋喋不休地向他叙述藏身书库的良好感觉。这时，频频举杯，一杯一口闷。他来了兴致：你是"老鼠掉进米缸"里啦，她看你厚道，又是个"书呆子"，不会顺手牵羊。

突然，他抓住一只苍蝇扔进碟子，要服务员换一碟花生。对我说：那一碟花生太少，不够我们聊的。亮着嗓门："有人这样相信你，好运啊！"

他的恶作剧，异乎寻常。他的好话，却让我听得晕乎乎地舒服。明天去图书馆的路上，一定会觉得天高云淡。

后来，我调离了采油队。过了一段时间，传出话来，她的"反锁"行为遭到批评：一个军属，把男青年反锁屋内，容易有闲话；再说，书也不安全。这让我一直后悔，没有向这位不知姓啥名谁的女管理员作一次认真的告别。或许，还可问她，一个刚从大兴安岭下山的"野人"，你怎么就不怕书被偷了？

回想曾经的道德认可，我把自己送上了品格的"高端"，然后俯视。

好多次，再看到那本厚厚的乐谱，内心不再安静。书从教堂门口，移居到我的书橱，无论理由关乎音乐和心灵，总觉得，这个让书大跨度移位的行为，与一个"偷"字有扯不清的牵联。

这样想着，岩石教堂内飘散出的音乐的美感便慢慢消淡下去。

那天，一位常去教堂的人说，你拿了教堂的书，他们会认为你是喜欢，不会认为是偷。

我不是基督徒，此话却令人安慰。然而，我还是把这本乐谱从书橱的后排抽了出来，插在前排最显眼的地方。不再是为了引发对教堂音乐的联想，我要把这本乐谱送人。

希望有一位喜欢音乐的人，承接这本赭红色的、依然崭新的乐谱。到了他手里，这部厚厚的书也许不会是一种摆设。

那时，这段宁静、悠远的音乐，会回来。

我又坐在岩石教堂那张陈旧的长椅上了……

老　派

母亲告诉我"老派"两字时,我的理解有点疏于浅表了。

那一年在奈良,三月的午后,田野一片安宁。唐招提寺面向稻地敞开着大门,沙石甬道空寂肃穆。有着1200多年历史的金堂,被整体包裹在银白色铁皮内,正待装修。安放着鉴真和尚佛舍利的舍利殿,没有红烛点燃。曾经为两位天皇举行过受戒仪式的戒坛,已被绿苔布满了坛阶。

走进树荫下的小屋,那里出售画册、书籍和寺院的纪念品。两位老人,端坐在柜台里的高凳上,沉静安详。小屋沉寂于寺院古远的气息里。

我喜欢写有"一笔笺"的那款便笺。仅一寸多宽,三四寸长。笺面上,印有水墨浅灰的山影,一轮圆月悬天,"唐招提寺"四字书于半空。月照苍穹,寺隐山后的空旷意境,让此刻的唐招提寺拔地而起。

我付款给一位年近八旬的老人,他身穿灰色和服,架着圆框黑色眼镜,面容平和凝重。出乎意料的是,老人用双手把这窄窄的、薄薄的便笺举递到我面前,像捧送一件无比珍贵的礼品。我一下有点无措。便笺拿到后,我稍稍后退一步,低头向老人浅浅一躬。

老人仍然没有笑脸。他不认为有必要作这样的礼仪往来。这沉静而凝重的表情，与千年古寺的气氛融合着。我想，这不仅是老人对入寺参观者的尊重，也是对鉴真和尚的一份尊崇。

回家后，我向母亲说了这位老人的举动，我还说了，他的面相，有点像父亲。母亲告诉我：这是一个老派人的行为，老派人讲究尊重人，与人为善，为人坦诚。你父亲也是一个老派人。

在我记忆中，这是母亲对我进行的不多的一次处世教育。从此，我知道了"老派"这个称谓。

后来，我听说，一位老画家，每天拄拐走出弄堂，有孩子叫他爷爷，画家便笑眯眯地从口袋里摸出糖果赏于孩子。一位女演员，见到残疾女孩摇着轮椅，她便先于女孩一步，帮她推开弄堂大门。一位年过八旬的商人，每次宴客，总在电梯口迎送，在每一桌留下空座，请宴过程中，到每一桌轮流落坐，与大家闲聊。

我都给他们冠以"老派"两字。

后来，我发现，"老派"的言行举止，并不仅仅是老人的作为。这是我对母亲所言的误解。

有一年，去浙江展览馆看画，在一个玻璃柜内，展出了一幅陆小曼三四米长的画卷原作，左侧有胡适先生的题诗并附言：画山要看山，画马要看马。闭门造云岚，终算不得画。小曼聪明人，莫走这条路。拼得死功夫，自成真画趣。小曼学画不久，就作这山水大幅，功力可不小！我是不懂得画的，但我对这一道却有一点很固执的意见……

胡适先生此题，言语诙谐，理却硬直。我看了一惊。胡与陆是朋友。一个不懂画的朋友，可以如此以无从商议、师长式的劝告直言，不怕小曼看了妩色全隐？此画是徐志摩去北京时带上，胡适题后徐带回。当年冬,徐再去北京,机毁人亡,箧中仍带着此画。此后,不再见小曼有长卷问世。

这是朋友间的坦诚。胡适时值中年,老派人的"友直"一说在他身上展露无遗。

那个年代,不仅是胡适,一些文人相交,书信往返,大多真情无遮,即便心有不爽,也直言相抒,不善虚与委蛇。

我没有地方去向母亲禀报我的见闻了,也无法再听她判断,胡先生的行为,是否属于"老派"。

我自己这样理解了,老派的举止,无关年龄,无关区域,是人们对一种传统处世方式的认同,甚至是一种留恋。

四川大山深处,山道蜿蜒。两位藏族的异乡客,在山中告别时说了同样的话:祝你面前的道路是笔直的。一位作家评价道:这是用老派的典雅的祝福语道别。这样寻常的告别语言,作家以"老派"两字给予评价,是否有着更深切的含义?

我觉得,把那些温良、谦恭、坦诚的品行,标以"老派",看似涂上了一层迂腐之色,其实,此"老"是表达着,我们与那些优良的品行相距远了。

几天前,又有人不无调侃地说起"老派"。于是,便想起唐招提寺里的那位老人。如果那位老人仍安坐在柜台后,该年近百岁了。那叠"一笔笺",十几年里,我一直没用。似乎在偏窄的空白处画上凌乱的钢笔字,就划破了我记忆中的完美一样。

告诉我"老派"一词的母亲,和被母亲称为也是老派人的父亲,都已经离开我多年了。不知"老派"会否成为一种传说?

隐　忍

三十多年前,一个路遇的画面,至今嵌刻在我的记忆里。

那时,我住在市区一座立交桥的东面。每天早晨,骑自行车带着儿子去桥西的小学上学。有一天,刚骑上桥,就看见桥面人行道上,一位老人扶着一位年轻人,慢慢行走。这位年轻人似乎身体有疾,一瘸一拐的。骑上前去,回望,年轻人三十多岁,脸色苍白,眼光飘散,似笑非笑;老人已有六十多岁了,却身子挺直,步伐稳健,只是目光沉静而忧伤。

一次看见,在那个时间点,便天天见到了。无论是大风小雨。有哪位老人会天天扶着一个年轻人走路?我猜想,应是父子俩。只有父亲有这样沉默的忧伤,也只有儿子会放松地接受父亲的扶助。看儿子独自嘻哈的表情,总觉得可能有精神的疾患。每天的散步是为了把儿子从神情飞散的歧路中拉回?

每天车骑桥上的回头一瞥,父亲眉宇间隐忍的忧伤让我心动。

与妻说起父子俩,妻说,家里有难以治愈的病孩,做父母的焦虑都得埋在心里,如碰上父母自己也有病,那真叫难了。她讲了一位同事的事。

这位女同事已近六旬,儿子也有三十多岁了。儿子小时有多动症,到了初中,便读不下书了。去医院找医生诊断,医生说是神经方面的病,看得晚了。当母亲的被当头一击!就在此时,母亲患了恶性脑肿瘤,动了手术。还好,早期。身体却垮了下来。没过几年,又患甲状腺癌,又是手术。这下,走路也困难了。这时,孩子在家闲着,白天睡大觉,晚上坐电脑前,不知在玩什么。也去上过班,一天便让人家辞了。只能去申请残疾证。

有一次,儿子要老妈陪着去逛超市。老妈拄着拐杖,摇晃着身子,半路上也不知哪里一碰,摔了。儿子在一旁,傻呆着。路人扶起,已满脸是血。事后,妻与她说,你自己走不了路,以后别陪儿子了。她说,我是想让他出去散散心啊!或许对他的病有好处,天天在家睡觉,怎么办啊!说着,两眼便有了泪。

可她在儿子面前从来是平静的。知道儿子的病治愈无望,也不让他情绪受干扰。只要儿子在,她在家接待客人,通电话,都是热情有加。她加入癌症协会,有癌友来电,她的第一句话都是,你还好吗?她会经常想着,哪个癌友需要什么东西,家中有的,就送给人家。她是想让儿子知道,家里一切如常。尽管儿子对母亲的癌病常识所知无几。她与我妻子两人聊天时,她会说,儿子无望,我这身病,他爸老了后,谁来管他。在儿子面前只能装没事,可你知道我心里有多愁?!

这隐忍着的忧伤,两个儿子都不会知道。立交桥上的父亲,会挺直着身姿;而那位母亲,走路蹒跚,也会义无反顾地走在前头。他们不会在儿子面前表现出心里的痛惜,他们明白,这于事无补。明知为之无效而为之,犹如夸父追日。他们追逐的只是意念中的希望,万一实现了呢?这"万一"是他们路途中的烛光,他们愿意以自己的生命扑向这摇晃着的烛光。

其实，他们的隐忍，他们的追逐，都在释放着父亲、母亲们对孩子的爱。隐忍是向内的释放，追逐则是向天的呼唤了。

这两位当父母的把忧伤隐忍着，我对这隐忍的表情却常常地牵念。

我搬离立交桥东后，向一位也曾见过父子俩，仍住在桥东的同事打听，有否再看到桥上那父子两人？他告诉我，也曾看到过一阵，后来就不见了，这父亲真不容易，都已是让儿子搀扶的年龄了。这样的散步，能让儿子凌乱的神经安静下来吗？

至今，父亲该有九旬，儿子也该老态了，如果都还存世，该谁搀扶谁了呢？

茶中有人

一个"茶"字,七八岁时就会写,可是,知道"茶"中有人,却是在几十年以后了。

有次茶叙,朋友说,一个"茶"字,拆开解,便是人在草木中。我一怔:是呵,这个天天看到,时时在用的字,怎么就不关心其构成?经朋友一解,脑海中还出现了一个画面:三二好友,闲坐树丛绿荫下,坦诚聊心语,静中悟心得,真挚交流,禅意弥漫。不经意间,已入画中。

我经常思忖,不少喜茶、爱茶、懂茶的人,总有依恋草木、心想离俗的意愿;他的入世之行,总有出世的飘逸和守道的风骨;会在自然中获取安宁,在淡泊中珍惜友情。

我的父亲是这样的人,我也在不断寻找这样的人。

父亲懂茶,也爱茶。他长年在一座大城市的茶叶进出口公司工作,却因正直和单纯,年轻时就被打成"右派",穷困得只能买茶末解馋。那时,除了一日三餐,茶末泡出的滋味,就是这个世界唯一的滋味了。

十几岁时,正赶上"文革"。我与几个同学到杭州"串联",其实就是溜到杭州逛西湖。这是我第一次出远门,正在"改造"中的父亲没有反对我的远出,还轻轻嘱咐说:杭州有西湖龙井茶,见到可以买一些带回。我不知茶,也不知龙井。现在我猜测,他让我买龙井,心里是想满足一下对茶的奢望呵。行走于西湖山水之间,看到茶树,朦胧间,便觉得凡茶叶都生长于秀丽田园中,自然之美便与茶叶有了关联。回来时,带了一斤淡黄色草纸包的龙井茶。父亲高兴极了,特意去买了几只玻璃杯泡茶。嫩绿的三片叶子在水中张开,茶水渐渐清绿的时候,我看见了父亲久违的笑容。

过不了几天,工厂对作为"右派"分子的父亲批斗升级,天天晚上检查写得很晚,母亲要陪他,他不无调侃地说:有西湖龙井陪伴就行。难道茶汤能抵御欺人之压?不知他在喝着茶时,心境有否平静一些,闻到了西湖山水间草木的气息没有?

父亲去世后,小弟选一盒龙井茶和一组微型茶具随葬。让父亲在长眠偶醒时,仍能饮呷,让他感知草木之中,人的洒脱。

我有一位朋友,取号仁寿山人。爱茶之后,日渐悟道,不仅认识了茶中有人,还特别珍惜茶饮友人间那份真诚的心灵相交。他想要留下物件来纪念朋友间的情谊。年近六十的他,压缩了在山野摄影、屋内篆刻的时间,决然要学做紫砂茶壶。他找了年过八旬的制壶名师学艺,制坯、烧火、刻画,每个环节一丝不苟。师严教厉,让这位老徒弟领教了学艺之艰,功夫却学得扎实。那天,在良渚文化村的树丛间,他说,我想对朋友说的话,会刻于壶上,那时,把壶饮茶于山水之间,该是何等乐事。

一年后,一方一圆两把紫砂茶壶制成,形拙朴、有古风,送给我和另一位热衷于"中庸"研究的朋友。送给我的圆壶上刻有"海纳百川""有容乃大"八字,并附一尺宣纸,写了"不拒江湖汇成海、有容乃大胸襟宽"。是处友感受,也是处世之悟。置身于山水,胸襟如江海，只有与自然相谐、不深陷物欲之人，才能有如此领悟。仁寿山人感慨道：每一次与朋友的茶聚都是一个节日。人存于世，还有什么节日，可以与山野田园中的临风饮茶、心灵相叙，在草木禅意中洗涤烦杂相比呢。尘世之节，皆为人造，而他的节日，却以心魂安然为要。

有时想，真正懂茶的人，其实是悟透了这个"茶"字中的人，他悟透了人与自然的关系。把人放在自然之间、草木之中，人便坦然、豁达，心存高洁。否则，再爱茶、嗜茶，也不过是品其味、迷其效而已，算不上茶的知己者。

真应该感谢先人留了一个"茶"字给我们，留下了他们对人与这个世界关系的认识。让他们的后人永远记住，要对大自然存有本真的敬畏。否则，人会异化，世界会变形。

因此，中国人以有茶为幸，也以有"茶"字为荣。

茶，有禅，也有哲。

送年货

父母不在了。春节，姐弟五个家庭会在上海聚餐。我照例给每家送去一份杭州的吃食，算年货。总觉得，手中不拎着点吃食，少了点春节的意味。

庚子春节遇到疫灾，聚餐取消。年货已经准备好了，熟禽、腌品、茶叶、香榧、八宝饭。妻子说：找快递，把年货寄去。

腊月二十八，杭州疫情已现。撑着雨伞，双肩背包。街上空寂，偶尔有人走过，也和我们一样，还大意着，没戴口罩。

突然，背后传来一声响如霹雳的喷嚏，声脆力刚，在安谧的空间显得雷人。回头一看，是一精瘦中年男人，衬衣外套一西装，不像杭州原住民，匆匆赶路，等我回转，他已走在我前面。

妻子说：这个喷嚏，喷劲真大，把我后脑头发都冲了起来，唾沫飞到了头颈上。

我心中一咯噔。

只有一家快递还营业。小哥边打包，边吸着鼻涕。

感冒了？家住哪呢？

湖北黄石，明天就回家了。

这一吸一吸的鼻涕，把那一声喷嚏的"毒性"加重了。

妻子担忧起来。

第二天，姐弟们都收到年货，小弟在家庭群上传了年货的照片，五彩六色，并打油一首。过年的喜气传了过来。可是，也就在这一天，武汉封城。疫情的严峻传到杭州后，过年的心境被打压至无形。

天天刷屏看疫情，妻子却流起了鼻涕，两腿也感到酸痛。那一声喷嚏似乎又响了起来。这不正是专家说的症状？妻子量起了体温。14天潜伏期，要熬了。小区开始封闭。我们拟订起预案。收集区疾控中心电话，并先行联络，以免需要时临时抱佛脚；从两家三甲医院中，确定路远却传染科强的那家；不去菜场，减少网上购菜频次；一日三餐改食两餐。

没有找快递的事，闭关自守，也不用这份煎熬啊！

可是，没有年货的你来我往，那还叫过年吗？

熬的日子，免不了自我纠缠。却想起，那年我承担了一位母亲对儿子最遥远的年货传送。

大年初三，接到林场通知，要我返回大兴安岭。我正准备行装，好友S的母亲来了。她扛着一袋东西，挺沉地放在地上，说，谢谢你帮我带给S，不知道他春节吃了点啥，他最喜欢吃这芋艿了。我怔了一下。随手一掂，有二十来斤重。

往年，探亲返程前，总有"插兄"父母上门让我捎些东西。火车行程三天，转车两次，一般家长送来的都是肉松、香肠之类的轻巧食品，让孩子吃上这一口，表达的是牵挂之意。

我看着那一袋芋艿，心里发怵。母亲说："我们减少点东西，你给它扛着吧。"母亲之间，心相通。

在哈尔滨三棵树和齐齐哈尔火车站转车，站台上，我们三个"插兄"的行李堆有两米来高，那袋芋艿放在最上面。火车一停，一人上去把门，我先将一袋芋艿扔给他。无论如何，这袋芋艿不能弄丢。

S拿到后，下午就煮了一脸盆芋艿、香肠、腊肉、蘑菇混搭的杂烩。初七初八，春节尾巴。香气充溢整个帐篷的时候，十来个人聚拢，刷牙的搪瓷杯倒上白酒，叮咚一碰，吆喝几声，大口入酒，捞一块芋艿，再夹一段香肠，融合的鲜味，紧跟着白酒在舌腔回转。

这口芋艿，S把母亲的牵念传给了帐篷里每一个弟兄，每个人都想着家。帐篷外，满天飘洒的雪和一片黝暗的森林，看不见了。

十几年后，回城，我去了离父母两百公里的另一个城市。父母都已经老了。春节，该我给他们送年货了。水果、糕点、干果、腌腊制品，大箱小盒。看着那一堆红黄绿蓝，喜庆就洋溢在他们脸上。我自己也受了感染，孩儿时的春节感受又浮了上来。

年货承载着我念家思亲的情结。春节的欢喜以各种形态表现出来，才有年节几天里的生动、有趣、千姿百态、色彩纷呈。这般喜庆的表达，不知有多少依附在你来我往的年货上？于是，这依附着的情感，成了我抹不去的记忆。

我还是念想儿时那些平安年份里的春节，母亲忙着掸尘、磨面、烧年菜、包汤圆，身影忙碌，菜香飘忽。过年的气氛，其实是母亲营造出来的，让我们享受，让我们铭记一生。大年初二，父母带着我们，将大大小小的一包一袋拎在手上，到一位位长辈那里拜年，送年货。街上的人都和我们一样，个个脸上露出的都是福气、喜气、高兴劲。现在，却时常怅然，这荡漾于心里的欢快，其实，只属于生命中的少年。

守莲者说

环溪村,我路过几回,没入村,是在逛了附近两个已成景点的村落后去那里寻食。村边一位大嫂烧的农家菜,味如"妈妈的菜"。

受朋友所诱,这次专程去环溪。却带着一些疑惑:一个远山青黛,两溪环绕,古树匝荫,建史600年,95%为周敦颐后裔的村落,怎么不见在旅游市场现身吆喝?

安澜桥边,是一大片莲池,莲叶显秋,淡粉莲花在阳光下独自娇衰。这座建于康熙二十一年的拱桥,桥面已现凹凸,灰黑桥身两侧绿枝拂水,沧桑古意相伴与一池已近枯萎的花与叶。

住在龙筠民宿。老板姓周,我叫他小周,是他没有老板的腔调。他陪我走进巷弄。路面刻着莲花,墙上画着莲花,书社名爱莲,曲径取问莲,小店挂忠莲。走进爱莲堂,小周说,300多年前盖的祠堂,一代代人都不忘先祖周敦颐。逢乱世,用泥抹住画梁、浮雕。他背起了:予独爱莲之出淤泥而不染,濯清涟而不妖,中通外直,不蔓不枝……带着歉意:原来全文能背,现在村里很多人也能背。

他说不出周敦颐的思想如何影响了中国人的精神生活。但他知道先祖为官不大,却清廉洁净,辞官后设"濂溪书堂"讲学。小周好几次说到,诚和信,是祖先留给村里人的教诲。他告诉我,邻村搞旅游,把采购来的辣酱冒充自己做的,被游客冷落了。我们村卖的农产品都是自家产的。我们给客人原生态的山水,不必吹。

村里老少都知道自己是周敦颐后人,却因断了族谱,无以证明。墙上一直挂着前辈周恩来和鲁迅的像。村里一位执着的老人,十多年前自费去上海图书馆查找周家族谱,又专程到湖南省道县档案馆,要在周敦颐的出生地,让村里人的族谱与周家衔接延续。印证认可后,又联络村里七八个热心人,搞起了本村近乡周家人的迁徙调查。这时,小周的自驾车,随时准备出发。

我在巷口见到这位轩昂直挺的老人。村里的族谱在周敦颐诞生1000周年时编纂完成了。百年杏树旁的广场上摆起了200多桌酒席庆贺。每户参加一人,出嫁的女人,都邀回了,送礼认宗。老人家说,为村里人做这件事,值得。他也背起了《爱莲说》。

小周的主业是做模具,在民宿的地下室,有自己的作坊。精巧的不锈钢模具,提供村办厂,也销到了外省,收入占全家八成。他带我走访村里老人,拜见村中小庙的老年住持,我怕他误了交货工期,他说:来得及,有客人来,给他们讲讲周家的文化传承,有人愿听,对我,是一种享受。

走到一家书院前,他停下脚步。

多年前,这里曾遭火灾,把小周的祖居与几幢老宅烧毁。起火的人家要盖新房,身为族长的小周父亲,把宅基地转让给了这户人家,只象征性地收了三千多元钱。后来这户人家主人从中学校长任上退休回乡,办起书院,免费给村里孩子讲古文,讲周敦颐的故事。现在,书院匾牌依然高悬,随时欢迎孩子们跨入书院。只是不少家长领着孩子去县城参加各种培训班了。

我问，宅基地转让，不签合同，会有纠纷吗？

他说，我们都要讲信用的，否则，村里人看不起你。

算起来，小周是周敦颐的28代孙。五十岁不到，当下，辈分却列村里第二辈，高于一些老人。他感慨，辈分再高，也要在待人接物中以诚相处，否则，谁会尊重你？我应道，古人早有言"周子之学，以诚为本"。

中秋晚上，月光清亮。从"荷塘月色"的意境中转回，不见了小周，与小周妻子在院子里坐下聊天。看到过小周发的妻子唱歌的视频，清秀苗条，歌声婉转。小周瘦小、矮个。笑问，你们怎么就对上象了？她冲口而出：他人好啊！谁家哪户，有事，一个电话，随声就去，不管手里是否忙着。那时，我们都在村里箱包厂上班，我是邻村的，力气又小，他就帮我一起翻包。

你真是聪明，不仅看他对你好，也了解了他对别人好，你找了一个好品质的男人，可依靠。

她笑得羞涩而甜美。

儿子也过来了。今年高考，他被一所军校录取，学习无人机技术，过几天就要去重庆上学。说起从桐庐到重庆的远，妈妈眼有泪光。

我问儿子，你在这样的村庄里长大，会给你今后的生活带来什么？

他认真地说，如果我今后当官，就要当一个清官。

这个周敦颐29代孙，瞬间站立在了先祖的身旁。

第二天，跟着小周去地里掘番薯，回来，要我们自己去摘院子里的柿子、香泡。说让我们回家带着。早饭吃过的鲜嫩的笋干也装进了番薯的袋子里。

爱开玩笑的同行者小孔,在村口仰望周敦颐塑像时,神情肃穆。我想,那些村民们,种植、守护"香远益清"的那一池莲花,更在守护着莲之高洁、通直的"君子"之风。他们先祖发出"莲之爱,同予者何人?"的自问,环溪村的子孙们有了遥远的应答。

"妈妈的菜",是尽心做出的环溪菜,还要去吃。见了那位大嫂,会问:你和老公,哪位是周家后人?

闭关时刻

凌晨2点15分,杭州市政府发布"防控疫情"十项措施。杭州进入了抗疫紧急状态。

第二天,从窗户望去,小区大门被围,花园喇叭在叫,每户两天出一人购物,禁止下楼散步,晚上宵禁。物业说,一户从温州返回的邻居,大门贴上了封条。

这是一门一户式隔离,家家闭关。

一直不明白,"闭"字的门内,为何用一"才"字?

两天之后,立马有悟。手机上晒出了一家又一家的烹饪作品,色、形俱佳,看着似乎能闻出其香。闭门之内,第一大事为吃,这吃,不动脑筋,不展才识,如何能烹出一只只创新之肴,在入难时自抚?才气,于煎炸翻炒中涌出。这"才"字,原来是为吃准备的。又一次折服于祖先。

那家的初中小女生,看着奶奶、外婆、舅舅、舅妈手机上五彩缤纷、造型奇特的菜肴,生出喜感。与外公联手,举办家族网上烹饪大赛,五个家庭,各出一拿手好菜,请烹饪行家评选。

这些菜端上小屏,不仅色彩纷呈,菜名也不输餐厅大厨:三阳开泰、花开富贵、黄花贵软、春天故事、乡村小炒。惹得小女孩把一、二、三等奖状制作得如同政府给劳动模范发奖,金黄色庄重喜庆的奖面上，不管是爸爸妈妈、爷爷奶奶、外公外婆、舅舅舅妈，一概"毫不留情"称为"同志"。她的颁奖词更像是领导讲话，除了感谢参赛选手的踊跃参与，还表扬了所有的长辈：这场疫情，没有影响到选手们面向生活、积极向上的乐观主义精神。

夸张的隆重，生出幽默。这时，五个家庭内乐翻了天。年近八旬的奶奶，立马在朋友圈说，这是过年以来最开心的一晚。

窗外正阴寒，病毒更肆虐。闭关之内，大家的喜乐和笑声会给这女孩留下什么？她的外公保持着理性，说，她会从疫灾中的家族活动，获得温暖和生活信心，去走以后长长的路。

那么多家庭在不安中坚守，不会都是小女孩的欢欣，也有长者暗自的流泪。

他已退休几年。当了三十多年的公司董事长。新婚不久的妻子照看她自己的母亲，儿子已成家。他与九十多岁的母亲关在了屋内。

第一要事是吃。可是，这位被母亲宠着的独养儿子，从没学会烧菜啊！小时候母亲烧，婚后前妻烧，大多数时间，还要在外应酬，退休后保姆烧。现在，谁都进不了他的屋，谁也帮不了他的忙，要活下去，只有自己进厨房上灶。

已经挺不直腰的老母亲，倚靠在厨房的门框上。告诉他，炒青菜油多放点，盐要迟点放；鲫鱼清蒸吧，你不会煎；那只笋干蛋花汤油不要多，多了腻口。更复杂的菜，母亲也难以说出来了。

他把菜端上桌，想邀功逗母亲开心，可是，老人家没有更多的精力来舒展她的皱纹了。

晚上，他给母亲洗脚。平时，母亲不让儿子给自己洗，由保姆洗。他蹲在洗脚盆前,给母亲撸上裤腿,脱去袜子。手在脚背上抚摸,水轻轻泼洒在小腿上。泼着泼着,眼泪流出来了。他埋下头,不再跟母亲搭话。

他在电话里跟我说的时候,哽咽起来。

我问,为什么呢?

他说,我看到母亲的小腿是酱黑色的,脚脖都已经有点僵硬了。电话里出现了几秒钟的无声。

我瞬间想到,我的母亲九十以后患病时的脚。

我只能安慰他,你不要感伤,在我们知道儿子这个身份该珍惜的年龄,你还当着儿子,你该庆幸才是。

是的、是的。给母亲洗脚时,让我想了很多。他说。

一个经历职场几多关隘、无数冲撞的老男人,会心如磐石。此时,他苦涩的泪水里会涌入什么?大概会有对宠爱着自己一生的母亲正走向夕阳边缘的不舍;会有怎么到现在才蹲下身子给母亲洗脚的悔意;也会有对生命突然变得短暂的幡然。人入沧桑,泪仍清澈。

生命的意味,在他一个人面对母亲的时候汇集。他又成了一个完完全全的儿子。

宁静的环境里,在母亲的膝下,对心灵的自我拷问出现了。

我要向他遥致祝福。

那个聪慧的女孩,在自己家族中,领受到了温暖的人生火把;那位流泪的老男人,在自己的母亲面前,麻木了的生命体悟,突然喷发。这都关乎心灵,是心灵的收获。

我们本不该在疫灾的闭关时刻,才让心灵充溢,与心灵对话的。其实，在大厦霓虹下赶路，在推杯换盏间醺醉，我们仍然可以去寻找心灵安宁的时候。

我牵念着这个老男人。有人说，男人都是长不大的孩子。在结束闭关的那天，我再看到他的时候，一定会让我感受到他的"成长"。

此刻，阳光照拂，有春天的暖意，往日隐没于市嚣的布谷鸟的啼鸣，正从树丛间传来。每扇窗户都透着安静，似乎整座城市陷入了沉思……

蒲公英的命运

回忆孩提时的生活画面,有时会想到蒲公英。在公园的草地上,摘得一株蒲公英,拿在手里一吹,抬头看丝丝毛绒向天上飞去,便有色彩斑斓的幻想也飞向了天空。

那时,想,蒲公英是一种多么美妙的植物啊!

那次与妻子在莫斯科游览,走到了莫斯科大学前很开阔的广场,广场中间有修剪整齐的草坪,在草坪的一角,我无意间发现了蒲公英,有六七棵,它们散开着,每一枝都亭亭玉立,随风摇曳,在这大片绿草地上,显得纯洁而闲逸。这时,我想到了随团旅游的小女孩,她应该会喜欢蒲公英。于是,我弯腰在草地的边上摘了四朵,握住长长的根茎,自成一束。

已经走到了靠近莫斯科大学前的马路边,仍不见那位小女孩。这时,正好有四位女团友结伴走来,我与妻说,巧了,正好四人,把蒲公英送她们吧,也传送团友间的好意。妻甚赞同。等她们走近,我笑着调侃:给美女献花!便把四棵蒲公英每人一朵分递给她们。女团友被这出其不意的"献花"弄得惊喜不已。萍水相逢,营造快乐,她们个个笑出了声,连声"谢谢"!这时,正好有几位女大学生模样的俄罗斯姑娘走过,看着这情景,投来的目光里满含着微笑。

这四朵蒲公英成了传递团友间友谊的使者，四位团友拿着蒲公英，她们轻快的步子和明朗的笑声让我知道，四朵蒲公英会开放在她们莫斯科旅游的记忆中。

这是四朵幸运的蒲公英。

第二年八月，我和妻子去了内蒙古乌兰布统草原，我们租了吉普车，在草原的腹地奔驰。广阔的草原连至天际，牛羊散落，鲜花盛开。那一年草原遇到干旱，我们下车在草地上散漫地走，河沟不见水痕，草已经绿中呈黄，花却仍开得艳丽。不经意间，发现了一大片蒲公英，它们围着草，草隔着它们，<u>一丛丛</u>相聚在一起，以细弱的身躯顶着毛茸茸的脸庞，蜜蜂在它们头顶盘旋，轻轻鸣唱。干旱无法阻止它们美丽的展示，它们在大自然的怀抱中生活得无忧而快乐。

这时，有个十来岁的小男孩走了过来。我跟他说，快来看，蒲公英！他的妈妈摘了一朵，拿在手上，在儿子面前吹起了绒毛，细碎的毛毛便四处飘散了。谁知，儿子不领情妈妈的演示，抬起腿在<u>一丛丛</u>的蒲公英中间扫荡起来，左腿一下、右腿一下，扫得好不过瘾。瞬间，绒毛飘飞起来，蒲公英在他两只小腿的扫荡下，一排排地倒下，见到倒下的蒲公英，小男孩又上前踩踏了几脚。

小男孩的双腿扫荡，为什么会给他带来快乐？可能就是想在这大草原里疯着放肆一把吧！

浩瀚的大草原不会在意小男孩的扫荡，但他脚下的蒲公英却遭受了一场飞来横祸。一朵本在天地之间自由呼吸、随意绽放的花儿，它给大草原带来了轻柔曼妙的美丽，因为人的入侵，终结了它的生命。它不知道，奴役它的还是一个孩子，而孩子，本是蒲公英最好的朋友呢!

晚上,我们住在草原的帐篷里。走出帐篷,繁星闪烁,一片安宁。我想着下午被践踏了的蒲公英,又想到了莫斯科大学广场上的"献花",对妻说,那四位团友,应该还会记得我送给她们的蒲公英吧,同样是蒲公英,生长在不同地方,遇到了不同的人,便会有不同的命运了。

妻说,这世上,所有的生物都和这蒲公英一样,包括人。

我语塞。在大自然面前,人是一株会思想的芦苇。其实,很多时候,人,也是一株难以思想的蒲公英。

放眼望去,星光下的草原,暗黑而清冽。

曾经寻找

黄昏已临,窗外的夕阳开始收敛,天色暗淡下来了。我在听张培女士朗诵我的散文《修理匠与艺术家》,小提琴舒缓的配乐让我沉浸,也让我神思飞散。

我看到张培女士的名字,是在《新民晚报》上。有一些上海的著名主持人和作家写文章怀念她,还有一些与她相识的普通人也在追思她。我看到,这不是一般表达心意的悼文,文中写的不少事例,字里行间,充满着对她的敬意、感激和怀想。这让我注意,一个五十多岁的电台播音员的去世,为什么会引起这样大的反响?

我在文章中看到了她的敬业:年轻时,带着孩子到台里上班,忙了一天,脑子都沉在工作中,下班时,把孩子忘了带回家了。我看到她对后人的提携:有一位现在很著名的电视台男主持人,出道时是跟她学的,她不仅悉心在业务上指导他,还给他提供各种机会,鼓励他上台亮相。他说,没有她,他可能会走上另外一条路。我似乎也看到了她仪态的优雅:一位善于写文章的企业家,把她的大幅照片送给自己女儿,要女儿挂在闺房,说,现在的女士,像张培那样由内而外、气质优雅的不多了。要女儿好好学张培阿姨。

由此,我很想听一听张培的朗读作品,这样一位专业出色,又有很高职业涵养的播音员,她对文章的理解和表达应该会与众不同。于是，我开始留意和寻找，她会有什么播音作品在电台重播。

有意思的是，这样的寻找，得到一个令人完全意外的结果。

有一位大学教授在一篇文章中提到我的《修理匠与艺术家》，说张培在她的一档节目中朗诵过。教授提及，我文章中那位艺术家的儿子告诉他，在张培过世后的追思会上，还播放了她对此文的配乐朗诵。看到这篇文章，我有点高兴，张培选择了我的文章在节目中朗诵；也有点不解，为什么在追思会上还会播放这篇作品？

终于找到了张培朗诵《修理匠与艺术家》的视频。我静静地听了好几遍。她的朗诵，让我又一次在艺术家苦难的人生中沉寂；艺术家在苦难中的不屈和挣扎，让我也听出了朗读者的同情和暖意。她把理性的逻辑柔化为生活的哲思；她把文章中的两位艺术家，从历史深处引导到我面前。温婉的语调，深深地表达着对两位艺术家的尊崇。

我可以这样思忖了：她欣赏这篇文章，是因为欣赏艺术家，在人生的跌宕中选择了对艺道的坚守。在追思会上播放，一定是她认为，她对两位艺术家的理解和崇敬作了来自内心的阐发，有了一种走近他们的亲和。她对自己的这部朗诵作品是喜爱的，并且觉得是成功的。

这让我知道，张培选择作品的眼光和她理解作品的能力。而这样的眼光和能力，来自她的文化积淀和艺术修养，也来自她自身的价值认定：自己与这两位艺术家是同类人。

一种难以理喻的偶然，使一篇短文，成全了张培朗诵佳作的产生，成了她艺术成果的一部分。

我曾经的寻找，成为我了解张培的起点，也使我找到了张培值得这么多人怀念的理由。现在的艺人,还有多少人像张培一样,坚守着艺术的道德和准则?而这样的坚守,总是令人感怀。她曾经的同事、上海作家陈丹燕,前几天还在想着她:有几年,每天她来直播间接我班,现在,她却永别了阳光,她温和的声音也永远不再有了。

  我曾经的寻找,其实也是在寻找一种艺术品格,以及由这种艺术品格演化出的充满爱、温情和理性的声音。

小　路

　　走了无数的大路和小路，小路却在我的记忆中留存了下来，像一幅幅明亮而幽深的画。

　　我曾住在大兴安岭密林深处的帐篷里。五月后，冬尽春发，森林透绿。每天早晨，一行人，扛斧携锯，走在松软的林间小路上。翠鸟鸣啭，布谷远啼，这时，我总哼唱那首《小路》：一条小路曲曲弯弯细又长，一直通向迷雾的远方……

　　我们要去的"远方"是几里地外，那一片平缓的原始森林，去那里把所有的树砍光，修建一座全国最大的贮木场。大兴安岭北部森林里的原木会集运到这里，然后，装上火车运往全国各地。

　　那首《小路》有着俄罗斯歌曲独有的忧伤和迷茫，与我们远离故乡、前途渺茫的心情契合。

　　细皮嫩肉的小陆兄弟，被工头责骂，在木堆旁流泪；山间的大风阵雨说来就来，躲进小路边的大树下，插科打诨；收工回去，手上会拎着野蘑菇或都柿果。夕阳碎影照着小路上疲惫的身躯。

　　几十年里，回想森林里的小路，伴随着《小路》旋律的，不见伐树、扛木、应着高亢的号子；我曾经写过的松涛翻滚、挥镐大干的豪迈诗句，也早已沉落在记忆的脑海里。而这些拨动过心弦的图景，却一再浮现。

大路坦荡，走在大路上，会激发你昂首、奋进的情感，走过，却也容易遗忘于风尘；小路蜿蜒、曲折，常常是劳作的途径，避险的暗处。你走过的小路，一定多于大路。总会有几条小路，走着走着，走入了你的心里。

小时候，在老家的弄巷里，与玩伴们追逐、打闹，默不作声地，在弯弯曲曲处躲藏，突然吼叫着，在七里八拐边现身。谁也不愿冲到大马路上去，变成目标。

开学前，母亲领着我，穿过小巷，到老师那里，要求减免学费。大路上，人来人往，难免遇见熟人。母亲是个好面子的人，那时，她四十几岁，一袭黑色的旗袍，在巷边闲坐的大妈们面前，安然地快步走过。她们陌生的目光，瞟过母亲的身影。

大庆油田，建在广阔的草甸子上，我与妻子相识时，草甸子已成了布满油井的黑土地。那年冬天，自行车带着她，骑行在一米多宽的小路上，小路弯曲，路面积冰，两边是无际的雪原。摇摇晃晃，刚冲到大马路的坎边，一个打滑，人仰马翻。那时，两人见面不久，我一骨碌爬起，满脸尴尬。她却不恼，还关切地问我，摔痛没有。从此，两人关系一路阳光。

寻常的日子，自己的脚印总留在了小路上。那些生活的五彩缤纷、酸甜苦辣，在小路的蜿蜒中飘飞出来，让你品尝它的滋味。我心田里弯曲的小路，构成了以往生活的真实图像。多年后，出一册散文集，提供给出版社编辑的封面构想，就是一个男人踟蹰的背影下，一条弯曲的小路。

行走于小路，是生活的本真；昂首于大道，多半有仪式的意味。

朋友在一番考证后，告诉我，很古很古的京城，大道是帝皇巡进之路，市井小民只能在街巷之间穿行，"走街穿巷"这一成语源出于此。他不无认真地说：小路，就是平头百姓的成长之路。

有时候，不经意间，你的梦想、忧伤、诗情，在小路的迂回中，会有别样的呈现。不必带着失望和悲切，焦躁着赶路，否则，小路给予你的意味，容易丢失，那将使你的心魂，少了一次又一次丰润的滋养。

闲时静想，行走小路，实在也是人生在世的一种意象。

记　忆

　　记忆是生活的烙印。美好的记忆留存得越多,你对生活的认识和选择,就有越多来自心底的提醒。

　　儿时,奶奶尚健在。她生了四个儿子,只有我出生时,是唯一的孙子,过了两年才有弟弟。旧式妇女中,对大孙子的宠爱是天然的。她护佑着我长大,从来没有一句对我的训斥和责骂。我记得,有一次,母亲让我自己去洗裤衩。为了维护我这个"小男人"的"尊严",奶奶在自己居住的小屋里,高声嚷嚷,指责她的儿媳妇,不应该让她的孙子洗自己的内裤。

　　那年,我刚当上班里少先队的中队委员不久。正是夏日,我穿着衬衫躺在奶奶房间内一张很大的写字台上。天色已暗,她给我缓缓地打着扇子,问我:"二条杠的小牌怎么不别了?没有了?"她是怕我担任的中队委员给撤了。大概是习惯于奶奶生活中的宠爱,她平静的询问中表现出的担忧,让我的心里撞击了一下。我告诉她,妈妈要洗衬衫,小牌子拿掉放在桌子上了。她听了,使劲摇了几下扇子,说,我给你钱,去买一支棒冰吃吧。

　　在我的记忆里,这是奶奶唯一的一次关注我在学校的情况。学校离我家很近,才几十米远,放学后,班主任老师常会来家与奶奶聊上几句,却都是家长里短,奶奶从来不问我在学校里的事。她大概觉得，老师常去一个学生家里，这个学生便不会差到哪里去。

奶奶离世四十多年了，我仍然每年清明去祭扫她的墓。这不仅仅因为她是最宠我的亲人，还因为在暮霭四合中，随着缓缓摇动的扇子，那充满慈爱的询问，不时地在我的心中响起。

有时候我会想，那些听惯了训斥的孩子，他记忆中的责难之声，会在长大成人后告诉他什么？

几年后，我喜欢上了看闲书。父亲被打成"右派"到农村去了，母亲被"精简"回家。在困苦的日子里，我庆幸还有读书时的宁静。其实，十几平方的前厢房，有姐弟五人，怎么会有安静的地方？

冬天的时候，我看瞿秋白的《饿乡纪程》。坐在窗前，偶尔抬头，窗外阴冷的天空中正飘着雪花。这和《饿乡纪程》描绘的俄罗斯的冬天融成一体。无尽苍凉的俄罗斯雪原和雪原中两行孤独的脚印，深深地吸引了我。而对俄罗斯夏日的向往，则来自俄罗斯作家盖达尔的小说，他把森林中浓郁的绿荫和白桦树修长的身影写得如同梦幻，森林边有小河清澈地流淌，穿着连衣裙的姑娘在河边曼妙地舞蹈，充满青春的活力。

后来我知道，读书时的安静是母亲营造的。她在稍有闲空时，也会拿起一本书，在桌边，静静地阅读。

面临上山下乡了，我选择了大兴安岭这个地处我国最北端的森林，那个原始的极寒之地，与俄罗斯接壤。在我潜意识里，有着少年读书时留下的对俄罗斯的美好记忆。

返城后，我到了另一座城市。住在一个低矮泥地的阴暗小屋，高高的窗户下，灰白的墙面有一大片暗处。逛街的时候，偶尔看到一幅俄罗斯油画：绿色的树林前，一位白裙少女安静地坐在长椅上沉思。我也在这幅画前沉思，想着曾经看过的书中的画面，想着大兴安岭的白桦林。买回家后，挂在窗下的暗处，使整个小屋有了逐清晦沉的亮色。搬入新居时，此画已经破损。我仍然想再去买这幅画，但始终没有买到。直到今日，我还在寻找这幅画，寻找中，便被这诗一般的画面滋养着。

我常常自我告慰，如果没有年少时的这些记忆，我长成后的生活会是另一番模样。

我对长辈们满怀着感恩，她们为我提供了这种记忆的初始的景象。祖母的宠与母亲的爱，不管是出于传统的偏执，还是出于教育的引导，都是人世间最温暖的情愫，它们潜入了我的血脉，滋润着我心智的成长。一个人的生命走向和生活品格的确立，会由他的心智来判断和选择的。

当记忆浮现的时候，我便一次又一次地走近奶奶与母亲。她们依然与我同在。

第 二 辑

帖、砚与毛边纸

字帖、石砚和这两本毛边纸，是父亲留给我的，已经有半个多世纪了。

那年我十几岁，有一天，父亲拿出一包东西，报纸包着，打开，是一本黑色封面的字帖，和字帖包在一起的，还有装订好的两本浅黄色的毛边纸，有一本的第一页下面，衬着红色米字格临摹用纸。父亲很认真地说，这是一册九成宫字帖，欧阳询的字俊秀、挺拔，你要好好临摹，对你以后写钢笔字也有好处。我已给你准备了两本毛边纸。说完，又拿出一个很大的砚台，有红木的盒座，上面盖有砚板，我拿着掂了一下，很重。父亲很仔细地把字帖和毛边纸重新包好，叠在砚台上面交给了我，很慎重的样子。

我可真是没当一回事。

没多久，我去了大兴安岭下乡。包着的字帖、毛边纸和砚台放在了家中书架的角落里。

每次回家探亲，我都没去翻动过这本字帖，也没去挪动过那个沉沉的砚台。返城时，去了另一个城市，尽管这三件东西跟着我转移，却仍然藏在书橱的角落，被安静地保管着。

是忙吗？是忙。结婚、养孩子、上夜大。在机关工作，需要学习，也需要努力。压力很大，不进则退。学书法，算个什么事？根本挤不进我的日常生活。

几十年后,退休了。我打开这个纸包,取出字帖的时候,日常已闲、生活平静。我想临帖习字。可是,字帖的封面已经脆了,字帖的装订线也已断了,封面下端已见残缺。我了解,这本字帖是欧阳询晚年的经典之作,书魏徵记唐太宗在九成宫避暑时发现醴泉之事,历来为学书者推崇。只见封面左侧写着:海内第一本翁藏宋拓九成宫,那个"九"字已少了一横。我轻轻翻开封面,便有纸屑掉落。扉页上,写有"上海市商会商业学校第一届书法竞赛第二名",下面是父亲的名字。原来字帖是父亲的奖品!在扉页左侧,两行竖写的字是父亲的手迹:一粥一饭当思来处不易,半丝半缕恒念物力维艰。看不出是什么时候留下的。这是当时父亲的生活感知?不知他传我字帖,是否也有让我铭记生活不易,实应保持清醒之意?

和字帖叠在一起的两本毛边纸,是用丝线装订的,应该是母亲缝制的,父亲给我时,我怎么一点都没有注意?有一本的第二页上,我发现了自己的字迹,用毛笔潦草地涂写了这几个字:"我国的书法艺术具有悠远的传统和独特的",一句完整的话都没写完。这是我什么时候写的?这个场景毫无记忆了。我突然觉得我当时的浮躁。这"半桶水"想晃荡点什么?

年轻时所有的忙,似乎都是一种托词。如果心里记着父亲的嘱咐,想着父亲送我时那种满眼的期望,怎么会抽不出半小时写字?即便不是每天也行啊!

父亲交给我字帖后的几十年里,我们离多聚少,每次见到,他却从来不问字练得如何了,似乎学习书法的事,在他那里也已经遗忘了。现在我知道,这是他对自己的儿子在外独立生活、忙于工作的体谅和宽容。其实，他不知道，这也是一个儿子对父亲的辜负。

我已经把字帖的背脊，用两个小铁夹夹住，每天练字时，翻开那本字帖，小心翼翼，怕已经发黄、发脆的纸片掉散下来。现在，拿起毛笔对着字帖一笔一画地临摹，已经没有实际的功用。父亲那句"练好了，对写钢笔字也有用"的话，已经飘散得太过遥远了。当时，听了，却将它随风入云，现在成了一句念想。练字，是我当下生活中的一种休闲，也成了我每天走近父亲的一种仪式。终究，在这三件东西上，有他经手的余痕在。父亲在天上，应该会看到我每天的认真。

那两本一尺见方的毛边纸，我一直没用，我把它与字帖、砚台一起留着，如果用了、扔了，就使一套完整的遗物残缺了。何况，上面那句潦草的没有写完的话，仍然可以时时让我看到年轻时的自己……

相 送

少小离家。几十年来,父母与我便有无数次的相送。但是,那两次父亲送我的场景,却让我长久地怀想,镌刻于心。

第一次是在上海火车站,父亲携家人送我和三姐去黑龙江上山下乡。我记得是 1969 年的 11 月 28 日,站台上吹着很冷的风。穿着棉袄、戴着棉帽的父亲表情木讷地站在我身边,深度眼镜后是沮丧的目光,等我看他时,他便把目光移开了。他没有动手帮我们拿任何一样东西,几天没刮胡须的脸上,布满胡茬。一个"右派"身份的父亲,此刻,除了沉默,他无以言说。

我们上了火车,趴在窗前向家人招手告别。这时,火车启动了,车厢里响起哭声。可能父亲看见我们掉泪了,在火车加速的瞬间,父亲突然跟着火车跑了起来,声嘶力竭地喊:不要哭,坚强些!火车越快了,父亲跑得也越快,一直对着我们车窗喊:坚强些!像压抑过久的情感迸发,他的声音脆亮而撕裂,引来很多送别者的目光。终于,我们座位的车窗穿过了站台。我回头,看见父亲在站台边停住了,喘着气,手中拿着帽子,头发被风吹得乱起。四十多年后,在我想起站台上那一幕时,很多图像已经模糊,但父亲奔跑时皱着眉、急切而又无助的表情却占据了整个脑际。

那年,父亲四十八岁。我十八岁。可是,我觉得父亲已经是那么的苍老了。

我是有着三个姐姐的长子，父亲重男轻女，对我从小宠溺。尽管姐弟结伴离家，使他稍有安慰。但我的离去，对他一定打击很大。父亲是一个刚强的男人，年轻时，为了挽救一个亲人的生命，遵着"割股煎汤"可治肺痨的古方，在自己左臂上用剪刀决然割下一大块皮肉，血如注喷射，送医院抢救，留下紫青色的疤如碗口大。对我，却成了最纤柔、最耐心的守护者。从小到大，我身上任何部位的叮咬、碰破，他都会摘下圆框眼镜，两眼贴近皮肤，看个仔细，即使我厌烦，他也笑眯眯地哄我。然后，先涂消炎膏，炎症消退，再用护肤膏滋润皮肤，确保皮肤不能结疤，光洁无损。现在，他把儿子送去野兽出没的森林，经受风雪冰霜的捶打，他一定会在梦中担忧着，儿子会否遭遇野兽的偷袭，身上的伤疤该会如何处置。

多少年来，我一直想问父亲，他送别我们回家后的情形，也想问他当时的感受。但是，总觉得时间还长，等合适的机会再问。等到他患上阿尔茨海默症，我才突然悔悟，这个问话，已经永远不会有应答了。

多年前我患上癌症，没敢告诉父母。那时，父亲的病状还不严重。但每次回家探望，见到的父亲已经都是漠然的表情，有时也有莫名的微笑。后来，他无从认识自己从小倾心溺爱的儿子了。

可是，有一次，我坐在他身边，他突然支吾着说：胃上有吗？我听得分明。正在我疑惑之时，他又说：有困难找我。听得千真万确！而且，瞬间的表情十分肯定，似乎只有他能帮我解决问题。说完便又沉寂了。

我难以相信，一个患阿尔茨海默症的老人，会有这样的瞬间清醒。三姐说，可能她们在客厅议论我病情时，父亲听了进去。而突发的精神刺激，会使痴呆症患者有短暂的清醒时刻。

我向父亲告别时，父亲从藤椅上慢慢地起身，执意要送我到楼下。但是，他哪里走得了步，是一寸一寸地移着往前挪。我让他在房门口留步，他大概也挪不动了，让人撩起房门的布帘子，颤栗着抬起手，与我告别，嘴唇抖动着，却发不出声。我见他的眼睛里满是忧愁、爱怜、不舍、无奈，刹那间，我的眼眶里涌满了泪水。我不敢再看父亲一眼，转过身，急急地离去。

以后，再见父亲时，他又没有了任何表情。站在他面前，仍然认不出我。直至他躺倒在医院的病床上，昏睡。

我知道，这是父亲对我最后的送别。他的儿子，已经在他的记忆中飘散得太远太远，再也看不见了。

从站台上的狂奔到混沌中的移步，父亲，您的两次送子之痛，也在您的心魂中飘离了么？但它却沉沉地落在了我的心底，深藏在了那个最柔软的地方……

疤　痕

小时候，看到父亲左臂上那块三寸来长、一寸多宽的疤痕，总感到好奇。偶然，发现淡青色疤面泛着光，还让我觉得可怕。一直认为，这是父亲与生俱来的。

长大后，母亲告诉了我。不知父亲发现否，此后，我看他的目光，变得不一样了。

父母结婚时，与两位兄嫂三大家人同住一幢楼，那时，奶奶健在，是个大家庭，由父亲的二哥管家。父亲每月工资如数上交给二哥，连零用钱都不留给母亲。母亲已是两个孩子的妈妈，日常的零用开支，很是受肘。父亲对大家庭的忠诚，已达不近人情的刻板，让母亲感到委屈。

好在二嫂柔善，对小叔一家关爱颇周。二嫂患肺结核病重后，整个家族一筹莫展。那天，父亲激性而起，右手拿起裁缝正用着的大剪刀，咬紧牙关，自己在左臂上"咔嚓"一下，剪掉一大块皮肉。血流如注，女眷慌乱，急送医院。民国时期，肺结核尚属不治之症，"割股煎汤"是谓古方。然二嫂之病，终不治。

后来问父亲，这惊人一剪的勇气从何而来？他一生未答。

一次次走近父亲，越来越惊悚于当年的"震撼"。父亲的很多往事曾经让我不以为然，现在知道，这轻浮的淡漠里，隐现着自己的不谙事理。

父亲曾经和我说过他自己改名的事。

祖父给他取名昌宝,字璧。受过教育的父亲,显然不满意这个土气俗庸的名字。很长一段时间里,他用的是自己的"字"。有一次,看到报上国民党元老"于右任"的大名,他突发奇想:于可右任,任可佐宇,辅佐宇宙,气势大超于他。佐宇二字,与任姓配搭,雄心大略,一展无遗。从此,再不移名。

在我记忆里,上世纪六十年代初,父亲过了一段比较舒心的日子。会计工作他是喜欢的。经常是,家里晚饭后,他独占了一张八仙桌,摊开了从单位带回的各种报表,戴上袖套,把那盏吊灯拉得很低,橙色的光亮里,一支笔、一把算盘,还有已经微弓的背。

认真,很容易就走向了执拗。"文革"时期拉大板车,他和工人师傅商量,把板车两侧加宽,可多装货物。这累及拉车师傅的建议,引来了瞪眼训斥:一个改造分子,哪来这么多事!

心绪平静时,父亲对也是会计的二姐说:当一名会计,不仅要记好账,而且要会用数据分析企业里的经营状况。我在一边听出来,这其实是他想传授经验,说时,眼神里,有小小的得意。

一天午后,我拿出一直保存着的1983年第3期《上海会计》杂志。这期杂志刊登了父亲在1963年总结的一套班组核算方法。落日的光影下,杂志发黄的纸页更加黯然,页面上列满计算公式的黑字,也不再醒目。记起他送我杂志时,我拿在手里,无意翻看,随意一放。年轻时的心高气盛,哪里看得到,父亲的这一成果,是在磨难的缝隙之间,显示着自己的坚韧。

父亲离开单位真正退休,已经七十多岁。我去上海家里探望,他每次都要和我说:公司还需要他回去工作的。我不免想,怎么就不知老之已至？直到他患上了阿尔茨海默症，沉寂地坐在我面前，不再言语。

我们姐弟几个，都领略过父亲"怒发冲冠"的脾气。他的处事标准，不容评说。对母亲发火时，我们姐弟五人，都站在母亲一边。他看着我们，圆框镜片后的眼神会渐渐平息下来。后来，记起他六十多岁，在奶奶墓前下跪的情景，明白了，他收敛了火气，心里该是想起了什么。

有时，望着书橱里父母的照片，我蓦然会想，认识父母，真是一个无限的过程，会与我们自己的经历、学识、对社会认知有关，而与父母是否在世无关。父亲年少时"辅佐宇宙"的可爱遥想，和他不屈、不甘、火暴的脾气，是对这个世界的浪漫与呐喊。可是，等我们看到这呐喊中的无奈时，父亲却已经不在了。

在病房里，最后一次换病号服，我又看到了父亲手臂上的疤痕，它已经变小、皱巴、没有了光泽，它和父亲一起老了。我的目光在它上面停留，它镌刻在了我心里，留下深深的印迹。

我曾对大姐说，父亲"割肉救嫂"的举动，无论是出于勇义，还是因为单纯，再也不会出现在他的后代中了。但是，他会在家族的图谱里留下一个志向广远、崇义狷介的形象。他的子孙们，会因为这位先辈，有了独特的参照。

大姐平静地回应道，我们对父亲，曾经是多么地不了解。此时，大姐七十五岁。

想起小学时，父亲摘下眼镜，凑近我右手小臂，给破皮的地方涂上紫药水，结痂后，又要涂上药膏，说，不能让它留下疤痕。浮现出的眼神，温和而专注。现在知道，他是希望自己的儿子，光洁明润、毫无瑕疵地长大……

轻轻地说，再见

父亲走了，他到天堂去了。那里没有争斗，没有欺骗和压迫，在阳光和花丛中，他可以过上安宁的生活。

那天，母亲带着全家人去为他送行，只说再见，不说告别，因为我们还会相聚。天上人间本是宇宙的两个不同场所，人会在这两个不同的环境中生活。人间是短暂的，天上却让人永恒。

送行的厅室，布置得简洁、温馨，用白玉兰、玫瑰、菊花编成的六个鲜花大花篮，静静地散发着清香，这是母亲和我们五个姐弟送给父亲的。我们用父亲喜欢的京剧唱段作为背景音乐，他曾学唱过的老生唱腔，舒缓而悲凉地环绕着我们。两侧的电视屏则无声播放着父亲不同年代的照片。

没有悼词，只有亲人对父亲深情的诉说，这是我们与父亲在人间最后的情感表达。主持送别过程的小弟强忍悲伤，把整个气氛引导成家庭式的送行。

对父亲的了解，其实是在各种评说全部集中后，才得以清晰和全面的，我们对父亲满怀着景仰和思念。

在这个世界上，没有几个人，会像父亲那样，割下自己身上的肉，去挽救亲人的生命。听母亲说，手臂上的肉割下后，血流如注。送医院急救，医生讲，如再延时间，将误生命。年少时，看父亲手臂上碗口大一块青紫色的疤痕，曾好奇询问，父亲从没炫以详述，年少时的我们也只认为奇怪而已。但是，随着我们的年岁增长，越来越认识到，父亲年轻时的举动，是多么刚烈。这种重情忘我、不惜血肉相救的义无反顾，会在我们的家族中一代一代传下去。

在这个世界上，也没有多少人，会像父亲那样，在遭受打击时，还想着他的工作，并且竭尽心力。1957年，是他被划"右派"的时候，他却以自己熟知的财会原理，结合他所在公司的茶叶进出口业务实践，创设"茶叶拼堆分批成本核算单"，提供了计算茶叶进出口成本与各业务环节费用的精确而简明的方法。这对进出口企业来说，是一项提高管理水平的基础性工作，此方法几十年来在公司应用至今。1963年，父亲是"摘帽右派"，被贬至公司下属的茶叶厂。但是，就以这样的贬谪身份，父亲在一个工作班组提出不同产品的应耗实际工时的计算公式，为企业的精细管理创新了方法，明确认为"不必照搬外国的那一套"。以后，父亲又陷入"文革"的批判斗争。直至1983年，阐述这一计算公式的论文才在《上海会计》杂志发表。这种遭受重压而不弃的职业精神被父亲的公司同仁"深深地追念和回忆"。

在这个世界上，不知道还有哪一位父亲，像我父亲那样，被阿尔茨海默症折磨得意识模糊、不能言语时，还会突然对他患重病的儿子说："有困难找我。"这是他留在世上的最后五个字，也是他病患加重后说出最多字的一次，距他离世仅几个月时间。我至今不明白，究竟是上天恰巧给了他提示，还是他心中的父爱感动了上天，让他以全部精力作一次爱的瞬间释放。在他心中，即使是六十岁的儿子，也是需要由他来保护。父亲，在你记忆中已经踪迹难寻的儿子，你是怎么找回来的呢？

有人说，一个人能寿达九十岁，一定有超乎常人的生存智慧。父亲刚过九十周岁生日，如果要探寻生存智慧的话，其实就表达在我和小弟共同撰写的挽联中："一生正直，捧赤诚之心面世；几经磨难，持良善之态待人。"坦荡、纯粹、诚实，伴随着他坎坷的人生，一路走去。

悦海沉静地说，要继承外公的品格和精神。这位清华硕士的理性表达，一定会让父亲在梦中颔首含笑。

每个人都把手中的康乃馨轻轻放在父亲身上，我们把花篮上的花瓣摘下，撒在父亲的周围，让鲜花伴随父亲起程。他的身边，还有他抄写的京剧唱词本，使他在天堂的花园里，能舒心地亮嗓。父亲，我们能在心中听到。

我见到光和俯下身，在贴近爷爷的耳边轻轻说话。我后来问他，你跟爷爷说什么呢？他说："我就说了四个字'阿爷，再见'。"

轻轻地说再见，是一种心语，流露着铭心的怀念……

母亲牵着我，走过田野

父亲离家时，坐在一辆人力三轮车上，脚面被很大一个包袱压着。没有离别的悲切。父亲并不知道，他的这顶"右派"帽子，从此将影响两代人。那年我七岁，朦胧得连父亲要去哪里也没搞清楚。

此后，每当黄昏，总看见母亲趴在窗口的背影，而回转身来的表情则一往如常。这窗前的背影，让我好奇。

有一天，母亲突然对我说，要带我去看父亲，在很远的西郊农村，父亲在那里参加劳动。

大概是夏末时节。在我七岁的城市男孩眼前，这是一片多么美丽的田野！成熟的庄稼地一望无边，长在路两边的玉米秆和母亲一样高，不时，有鸟儿从田地飞窜而起，在半空打着旋。穿着黑旗袍的母亲左手拎着一袋东西，右手紧紧牵着我，缓缓地说着庄稼地里的各种植物，面对我时，都是微笑着的。她把寻夫的感伤在我面前演化成了一次愉快的郊游。这是母亲牵着我仅有的一次田野行走，她的柔软而温热的手、她给我讲粮食的播种和收割、讲地里各种爬虫的故事，让我无忧无虑地一路跳着，心里高兴得没有一丝杂质，就像头顶蔚蓝的天空。

好长时间没见到父亲了，面对他时，我觉出了他的沉默。母亲却是微笑着说话，我不知道是在安慰父亲还是在禀告家情。那时，他们都只有三十六岁，靠父亲四十多元工资养活全家连奶奶一共八口。现在，我能体会到，母亲的笑容一定是为父亲而展露的，她的心里该有多么苦涩、多么恐慌！

第二年，我上学了。母亲几次问我，同学为什么不到家里来一起做作业？她不断地问，让我听出了不同寻常。一天，同学们真的来了，母亲高兴极了，没等作业做完，她就宣布要给我们做一个蝴蝶。同学们围着母亲，只见母亲拿出两只长满黑绒的蟹钳，两手一剥、一捏，连着蟹骨的蟹钳并拢后，即刻成了一只白蝴蝶。同学们笑着争着要，母亲也跟我们一起笑着，起身把白蝴蝶粘在了墙壁上。蝴蝶像是在飞翔，它带着母亲对我心灵受伤的一丝担忧，一直飞翔在我的记忆里。

以后几年的日子越发困难了。五个孩子在长大，父亲的工资已让母亲觉得入不敷出。每到月末，就要外出借钱，或同事，或亲戚。但是，每次借钱，母亲从不带孩子，都是独来独往，回来也只见微笑，不见有冷遇的委屈，有祈求的落魄。有一次，大概无处可借了，母亲把仅有的一只养在灶头下，正生蛋的母鸡放入网兜，对我说，走，我们去把它卖了。我跟着母亲到了一处菜场的拐角，人不多，我们悄悄地蹲着。母亲怕看见人，有点紧张、有点腼腆。见一长者上前询问，没几句话，就把母鸡递给了他。母亲迅即拉起了我，快步离开，笑着朗声道：晚饭米的钱有了。我没有感到丝毫的哀愁。后来，我知道，那是因为母亲有点害怕去街头买卖东西，特地叫上我这个儿子给她作伴。这是她的无奈之举。以后，曾多次提到，不该让我这么小，就去面对苦难。

可是，谁又能够完全按自己的想法生活，按既定的生活轨迹行世呢？母亲本是富裕人家的小姐，等待她的应是安康、温馨的无忧日子，但她却历经磨难。她把痛苦咽到肚里的压抑，使她到了晚年，已是遍身伤病。三次大手术，让她三闯生命关。有一次术后，同室病友对我说，你母亲遇事不惊，总是很平静。我把此话在她耳边轻轻转达了，她的眼眶却噙满了泪水。我知道，这个赞语，使她在瞬间，想到了自己的艰辛。

那次陪她回农村老家养病，黄昏时，母亲坐在廊檐下的藤椅上看书，温暖的夕阳照在她身上，沉静而安详。我看到了母亲回到生养她的故乡的踏实，看到了她走过跌宕生活后的淡定，母亲终于有了一种履行了责任后的如释重负。

上天眷顾着母亲。九十岁的母亲仍然是平静地微笑着，有时回忆往事，还会有"少女般的羞涩"。她的双手已经不再温软，她牵我走过田野的情景，像一幅快乐而忧伤的画，被遗落在走过的路途中了。但是，母亲牵着我手时让我感到的爱意，她在隐忍中表现出的坚韧，会永远牵引着我，使我能在生活的"田野"中，踏实而坦然地行走，直至尽头……

佛像前的静穆

母亲开始信佛,已经快六十岁了。

那时,家中的窘迫有所缓解。每天,不用再吃了上顿愁下顿了。父亲离开"改造"的农村,回到上海的公司里上班,也有些时日。母亲心中的烦愁,慢慢平息了。

我从杭州回家,看到梳妆台上多了一尊佛像,瓷质,白色,披着淡绿色的袈裟。佛像前,是一只小巧的香炉,炉内已经有大半的香灰。

有一天,我早起。看到母亲站在梳妆台前,双手握着三炷香,神情肃穆、嘴唇嚅动、没有一丝声音。好一会儿,母亲轻轻地把香插入香炉,而后,又静静地注视着佛像。身着蓝色对襟上衣,灰白头发梳得齐整的母亲,沉寂于青烟袅绕之中。

我惊呆于母亲的静穆。她转身看到了我,脸上露出了笑,带着些许的羞涩。似乎是因为让我看到了她对佛的行礼,有点不好意思。就像我年轻时,母亲住院,我送菜到病房,母亲面对我时的笑容。这是我们孩子们看得最多的母亲的笑容。

我难以忘却这幅慈善而安详的画面。

母亲在佛像前的沉静,来自她心的善良,她可以坦然地面对佛的微笑。她心底里的善,与佛相通、与佛共鸣。她在佛的微笑前,感觉到佛的理解。

母亲出身大户人家,结婚后,为养家,去一家绣花厂当绣花女工。有位当童养媳的女同事,身世穷苦。丈夫是位大学生,参加工作前,婆婆让她平时在外当保姆,放寒暑假,把她叫回,陪丈夫。进厂后,母亲百般保护她,教她绣技,不让她受欺,还经常上门,向婆婆说她好话。很多年后,她丈夫成医学院教授,每年双双上门探望母亲。还有一位同事,抱养一男孩,为了保密,请已经从厂里"精简"回家的母亲帮忙白天看护,有着五个孩子的母亲不顾自己的艰困,一口答应。从此,两家成终身之交。

听小弟说,母亲年轻时,给父亲烧红枣汤,父亲嫌红枣有皮,吃起来麻烦。以后,烧好端给父亲前,母亲便把红枣皮剥掉了。那时,傍晚时分,一边等父亲下班,一边给婆婆按摩脊背,天天如此。在四个儿媳妇中,母亲是我奶奶最中意的。

父亲上世纪五十年代后期"落难",去农村"改造",让母亲陷入了经济困境。这时候,母亲的善良激发出了她的责任和坚韧。为了增加家庭收入,她断然决定,阻止大姐去考取的高中学习,要她去做学徒。这使母亲对大姐抱有一生的歉意。母亲与二姐天天低头在绣架前,赶绣绒绣。我要交中学学费时,母亲穿上那件黑色旗袍,领着我,向班主任要求减免。这时候的母亲,没有微笑,也没有乞求,只是平静的叙说。她的这一神情印刻在了我的记忆里,让我深深懂得,什么是自尊。

我曾不止一次看到,晚年时,她的那些老同事前来探望母亲。客厅里聊着天的母亲,舒心而快乐!生活给了善良的母亲以最好的馈赠。她和我说过,要待人家好,人家才会待你好。

我有时会想，母亲的神态、举止、心情，真像个佛。她又这么相信佛，我应该给她做点什么。在母亲高龄后，其实我高兴看到母亲信佛，那样，她在去天国时，心里不会有太多的恐惧。

那一年，我去泰国。在一个寺庙里，为母亲请了一座佛像，小小的、金色的，坐在莲花上的微笑却很有感染力。我把佛像放在随身的包里，心里想定，在以后几天里，无论是坐飞机、汽车、轮船，还是用餐、休息、安检，绝不能让佛像侧倒。到了我这里的佛像，就是母亲以后天天要供奉的佛，任凭佛像在我的包里倒伏，是对母亲信佛的不恭。只有这样，当我呈献给母亲时，母亲才会感受到我的虔诚。对母亲，也对佛。

回家，给母亲送佛像时，我笑说旅途中佛像的不倒。母亲把佛像放在手上，端详了许久。不知道是在感受这尊佛像千里迢迢的不易，还是在感受自己儿子的那一份理解。

母亲九十四岁去世。之前，她的心绪始终是平静的。她几次说，她已经活了这么久，不会怕死的。我想，是因为有佛在她的身边。更因为，她在世时的善良，让她坦然，天国也会对她友善。我对大姐说过，善良，是母亲留给我们最珍贵的遗产，让我们可以与这个世界有最好的交融。

从泰国带回的那座小佛像被放入了母亲的墓穴，面对着母亲的遗像。

直至海枯石烂。

不再回来

小时候,到后弄堂去玩,母亲便要叮嘱一句,快点回来!我朗声答道:一会就回来!

小我两岁的弟弟更贪玩,常常是我已回家,他还泡在后门外的弹硌路上。于是,饭点一到,我便受母亲指使,在弄堂口叫他:妈妈叫你回来吃饭!他也应我一句:就回来啦!拖着长调。

回来了!曾经伴随着我往日的漫长时光。即使我去了千里之外的大兴安岭林区下乡,每次回家,探亲假还没到期,母亲边打理我的行装边会问:明年啥时候回来?我仍是爽朗的一句:春节就回来了。随便一说,似乎又会很快回家了。那天夜半,我迷糊之中,感觉母亲在我额头轻轻一吻。这假装无感的轻吻,却在我心中,留存了一世。

那时觉得,无论是离家还是行游,去了,再回来,将是一次又一次地永久延续。

四十多岁时去瑞典旅行,在斯德哥尔摩一条小街的商店里,看到一件很有特色的绒绣工艺品,尽管已买好了给母亲的礼物,但还是想把这件绣品买给母亲,因为母亲从小就会绒绣。可是钱不够了,脑子里立马跳出的话,仍然信心满满:下次来了再买吧。可是,等我走了二十几个国家,见到了大漠、草原和那些千年古城后,却让我知道,世界宏阔,人生苦短,要去的地方很多,哪里还有下一次呢?那个要坐十多个小时飞机才能到的北欧小国,不可能再重返了,母亲也不会再看到那个精美的绣品了。

那年从南非归来,突然查出重疾,身体一下子在生与死之间激烈地摇晃起来。我想家,也想母亲。这时,深切地感受到,"我会回来!"是一句多么慷慨激昂、青春洋溢却又有着生命时限的话。每一次回家和行游,都可能是难以再重复的最后一次,即便是年少时对母亲爽快的应答,也可能会成为那个时空点上的一次绝响。

为了瞒着母亲,我在手术、化疗的半年多时间里,没有去上海看望母亲,我怕让母亲看到,回来了的儿子衰弱的模样。

母亲生气了。半年以后,我带着笑脸站在她面前时,她都没有抬头看我,眼光空空地平视着前面不知什么地方。这是我第一次看到母亲在我面前阴柔的沉默。无论在什么境遇下,母亲永远是坚忍、平和的,在家中遭受磨难的岁月里,她的微笑曾经是我们孩子心中的温暖。我理解母亲的心思:她已八十多岁,杭州离上海不远,怎么可以半年不去看她,她还有几个半年?

几天里,我始终面带笑容,把快乐和轻松呈现给母亲。等到她说:下次什么时候再回来呢?我的回答却有了犹豫:有空,我就回来了。

后来那次回家,我看出了异样。母亲的眼神里流露出抑制不住的忧伤。坐在她面前,她两眼直视着我,问:身体有什么难过吗?我强装快乐地回答:没有,你看我,还胖了。我不敢与她眼神对视。她突然抚摸着我的小臂,随即轻轻地捏了一把,母亲这个不经意的动作，让我似乎觉得，她已经知道了我的病况。这轻轻的一捏，把母亲心里的忧虑、痛心和无奈传给了我，我的心如被搅动了一般。

但是，母亲就是不提我的病。我也佯装着一切如常，不时地与她忆旧聊天，有时还环顾左右而言他。告别时，我主动跟她说，我一有空就会回来的。她哀怨着点头，没再问，你什么时候回来？只是说：路上小心，回去好好休息，常给我打打电话。后来，我知道，是大姐看到母亲生气，怕伤了身，把我的病情轻描淡写地告诉她了。

父亲走后，母亲不时地患肺炎。终于，肺里积水，气喘不止，不能进食，卧床不起了。

那天，我靠在母亲身边，抚摸着她的脸颊，她突出的颚骨触摩在我的掌心。她突然说：我真不知道你生这么重的病啊！她直视着天花板，眼眶里湿润着，已经流不出泪来。轻声地叹息中，有自责，更有心里深深的不舍。可是，这哪里是该她自责的呢？我哽咽着说：我已经好啦！脸上强笑着，泪水却在眼眶里打转。她说：别怕，我和你爸都活了九十多岁，有遗传的。我使劲点头，我知道这是母亲对我的最原始、最朴素的支持。她已经没有任何保护我的能力了，却仍想在生命终结前，告诉我还有家族遗传值得信赖，让我对生命保持信心。

我问小弟，母亲为什么这样伤感？他说，她不知道你啥时还能回来，怕你再回来时，她看不到了。

母亲在医院抽了胸水后，我走到她的病床前，拍拍手，为她加油。她起身看到我了，说：阿明回来啦！苍白而削瘦的脸上，露出了一丝欣慰。这是她对我说的最后一句话,她仍在牵念着她的儿子回家。却再也说不出,你什么时候回家了。

母亲去世后,我经常梦见母亲。有一次,梦中送母亲去宁波乡下舅舅家养病,在船码头分手时,我问母亲:你什么时候回来?母亲微笑着,淡淡地说:我不回来了……

第 三 辑

一个"和"字

城北一座公园的草坪上,竖起了一个白色的、高大的"和"字,远望,在绿树衬托下,煞是醒目;走近,却要仰头,才能够看全。

我喜欢这个字,除了这个字弥漫出的气息和意韵,让我温暖和平静,还因为儿子的名字里有这个字。

上世纪八十年代初,整个社会风起云涌,生机四起,滋润中的新生力量渴望成长。儿子降生时,我正好三十岁。下乡回城的风尘尚未退尽,在城里想重新崛起的劲头已在心头萌发。面对着社会蓬勃的气象,给儿子起了个名:光捷。"光"是家庭族谱中排列的字,"捷"则表达了我期望儿子喜传捷报的心情。名字起好,向父亲禀报,父亲不语。

几天后,父亲微笑着对我说:"捷"是好字,但与"光"相配,便显得太过急切、快速,飞一样过去了。我选了一个字,"和",选自《道德经》中"和光同尘"一词,意为与天地同存,与社会相和。

我很不以为然。这与"捷"字的进取、成功,相差太远,完全没有了"捷"字所表达的奋进的激情。但是,我还是服从了父亲的决定:这个琢磨了几天选定的字里,一定有他对孙儿的庇护和期待。

后来,我知道,《道德经》中"挫其锐,解其纷,和其光,同其尘",想表达的是一种处世方法,希望人们挫去锋芒,收敛光耀,与时舒卷,这样,就会生活在安全之中。我了解了父亲的用心。但是,我还是更愿意把儿子名字中的"和"字解释为,一种心态、一种气度、一种对身处世界的善意祈盼。

在汉字中,"和"是让人欢喜了几千年的字,应用最为广泛,最能表达人们心中对平安生活的向往,它和百姓的普通日子贴得最近,也是集中反映中国文化核心意涵的一个字。"和平""和谐""和顺""和为贵""和气生财""家和万事兴",把中国人心中的善良和对生活的理想一字写尽。只是在一些反常的日子里,受"斗争哲学"引导,"和"字被抛向角落,甚至变成为贬义字,人们唯恐避之不及。人与人之间不敢"和气",一句"阶级斗争调和论",其中的"和"字几乎成了投降派的代名词。

可是,人们很快觉醒,没有一个和平的世界,一个人的"和光同尘"会出现怎样的姿态呢?

说来奇怪,当爷爷的,自从用"和"字给孙儿起名,自己火暴的脾气也改变了不少。六十多岁的老人,一辈子受着我母亲的侍候,衣来伸手、饭来张口,这时,却笑眯眯地抱着孙子坐公交车兜风,上了一辆红的,孙子要上一辆绿的,便下车,再上绿的。

不知道老人对孙子用了什么魔法,还是冥冥之中,那个"和"字的灵气使然,渐渐长大的孙子,也真是平和一片。做事不急,待人和气,对长辈尊崇。

儿子结婚前,有紫砂壶制作传人,花一个月时间,烧制一把紫砂茶壶作结婚礼品,询问壶上想刻何字,他的未婚妻晓丽随即答道:"风和日丽。"我很欣赏这个词,不仅把夫妻各自的"和""丽"两字融入其中,而且描绘出一派阳光平和的生活景象。在举办婚礼前,儿子携未婚妻开车两小时,去爷爷奶奶的长眠之地,向在天堂的老人禀报婚姻大事。我想,得知孙子今后"风和日丽"的生活愿景,爷爷一定会为当年起名"和"字而得意一番。光因有"和"而柔,"和"因有光而亮。

不久前,我们一家去日本长崎旅游,在原子弹原爆点上建起的和平公园里,参观各国赠送的祈盼和平的雕塑。我国也在上世纪八十年代赠送了一座汉白玉和平女神像。我们在这座雕塑前沉思良久。光和告诉我,一个曾经侵害过我们的敌国,当他的人民遭受灾难,我们也应该伸出和平的手,既是对敌国的警示,也是对灾民的抚慰。

回国的邮轮上,收到一位朋友发自丹麦的微信图。他正在哥本哈根的街上闲逛,看到一座大商厦的门楣上,镌刻着一个很大的"和"字,传回共赏。他说,这可能是外国人最喜欢的一个汉字。

一个"和"字,连接了整个世界。

我生活的这座城市,被称作历史文化名城,似乎可见到的"和"字特别多,从千年之前的六和塔,到近年开设的和茶馆,直至我家门口的庆和路……

在这样的街市里行走,父亲的影像便时时地浮现出来……

重新出发

二十七岁的儿子突然写了两首诗。我知道,在不少 80 后的眼中,写诗是一种无聊的宣泄。他们是现实主义者。

可是,这次 5·12 汶川大地震,他们心灵中的真诚和柔软一下子被掀开了。儿子给我看的诗作里有这样的句子:

你
在哪里?
拼尽全力,我一定要找到你
从未见面不是我们的距离
……
我不准你自暴自弃
我的亲人已经离去
你活着
是我对生命理解的最好证明
……
还有一米
我就可以抓住你
给我你的手

坚持下去
告诉我
你 100 个小时的勇气

儿子说，如果他在四川，一定也会去灾区，到废墟里救人。

过了几天，他又拿出一首诗，题目是《我们战栗，但是依旧坚定地前行》。诗里的情绪，已经和上一首不一样了。

勇气
重燃我们希望
吸一口气
在满目疮痍中
回忆起 5 月往日的芬芳
……
希望
坚定我们信心
光芒万丈
用微笑和敬礼
鄙夷死神狰狞的身影
……
2008 年 5 月
我们战栗，但是依旧坚定地前行

在以后的几天里，他变得有些沉默，直到给他供职的电视台制作了两支大地震的公益广告，把碟片拿给我们看的时候，表情才显得轻松一些。他的一次心灵战栗,在完成了两支公益广告后,才得到了释放。后来,这两支公益广告在频道的评比中得了奖。

有几天,杭州正下暴雨,运河的水涨得满满的。那天晚上,我们父子在运河边散步,正从一座桥下漆黑的通道里走过,地上有打滑的泥泞,河水溅起的水珠落在了岸上。儿子说:"如果河水涨了上来,我一定会在这里扛沙包。"

我突然一怔。这样的豪言壮语,是我第一次听儿子说出来。而且语调是轻轻的,但又是不容置疑的。我看不到他的表情,但我感觉到他内心里集聚着一种力量。这个在家里被几代人宠着长大的,至今连袜子都不洗的"少爷",正在经历着一种改变。

这种改变源自对大地震灾难的同情,心生慈悲,也心生大爱;源自灾区废墟中出现的以生命换取生命的悲壮场面。一场灾难,让人思考生命和人性,也感觉到自己内心对爱付出的冲动。儿子或是被这场灾难给震醒了。

他把自己写的诗,制作的广告,剪下的报刊文章,录下的救灾歌曲,收集在一起。他说,这是不能被遗忘的灾难。我知道,他说的不遗忘,不仅仅是不能遗忘大地震的惨烈,也是不能遗忘举国大救援的壮阔在他心灵中留下的印记。"有了这次地震,今后在生活中面临各种选择的时候,标准会不一样了。这些东西集中在一起,对我是一种物件引示。"

在令人眩目的多元世界里,有着各种纷乱的价值观的诱引,旷世灾难让他内心萌生的这种选择标准,一定有关生命的价值,慈悲的情怀和大爱的崇尚。

第二天,他把这些东西放进了上班用的背包里。带着对人性和这个世界的真切感知,儿子准备重新出发……

奔向青春的道口

这次日本自由行，让曾在电视台当过编导的儿子再充当一次"编导"。从计划编制、日程安排到景点确定，全由他一人说了算，到了日本也由他当"导游"，一行三家九人对他寄予厚望。

但是，那一次坐地铁到了镰仓高校前站下车后，大家却被搞得有点懵了。"导游词"说，来看海，那个景点叫"湘南海岸"。可是，那是个什么海岸啊！

大海在马路对面，走出小小的出站口，只见海岸边有一排巨大的钢管挡住视线，既不见沙滩，也没有躺椅和遮阳伞，好像是一处正在施工的工地。正在大家犹豫着，"导游"却一个人狂奔而去。所去之处是一铁轨道口，有一横栏挡着，道口边，却有二十来人都举着相机等待着拍什么，好像都是中国人，一位中年妇女，在道口边摆出夸张的招手动作让人拍照。

真是匪夷所思！责问"导游"：这样的海有什么好看？也有人对这帮摄影发烧友好奇：他们在这里等着拍什么？

"导游"笑而不答。只管自己拍照后，赶我们穿过马路去看海。

归来后，尽管扫兴，大家却也不责怪了。因为，毕竟是看到了海，而且，业余"导游"在异国他乡找错地方也在所难免。鼓励为主吧，后面还有好几天呢！但是，我心中的问号却没有消除。按照儿子事先做"旅游攻略"的认真劲，不会不知道这个海岸的特点，既然知道，为什么还要过来？还有那二十来个摄影迷，不会无缘无故守候在那里。为什么儿子不愿告诉大家？

当天晚上，在朋友圈里，发现了儿子上传的一组照片，就是这里的海景和道口，还加上一张动画片的截图：一个高个子男青年站在道口，目视着道口那一侧的三个女学生，一辆绿皮火车正隆隆驶来……他对这组照片写下这样的话：有很多人，赶了上万里路，就只是为了拍这张照片。直到世界的尽头。

这是一段有故事的话。而且，这个故事曾经打动过他的心，打动过他们那一代人的心，否则，不会有最后那七个字。

我的问号有存在的理由，只是那个问号里又多了几分困惑。

过了几天，我们去了热海。又见到了大海，又是穿过马路到达海岸。这是一个漂亮的海湾，只是下到沙滩有很长的下坡小路。一直存于脑际的问号，这时又冒了出来。

"那天镰仓海边的道口，那么多人等着拍什么？"从海边回来爬坡时，我和儿子走在了一起。

他笑了："他们在拍一个场景。"

"什么场景？"

"上世纪九十年代中期，中国放过日本一个动画片连续剧《灌篮高手》，讲高中生篮球队如何拼搏，夺取冠军，也有男女学生的朦胧感情。最后一个场景正是这个道口。"

"就是你那张截图吗？"

"是的，那个男生喜欢的女孩，在这个道口出现，正好一列火车开了过来，动画片就到此结束了。那首《直到世界尽头》的歌曲，伴随着画面。"

"哦，挺美的！很遗憾呢！还让人引发联想。"

我真想不起有这个动画片连续剧，那时，儿子应该正读初中："班里同学们都看疯了吧？"

儿子又笑了，稍微有点腼腆："篮球队那个拼劲蛮有感染力的。"

我想，打动他的不仅有少年不屈的力量，也有少男少女朦胧的情感。这种奋进精神和朦胧的情感，至今还存在于他的心底。他拔腿狂跑的瞬间告诉我，他仍然有奋斗和情感的梦，这样的梦，属于青春。我也为那一群同样远涉千里到这里蹲守拍照的人感到高兴，他们仍然年轻。当火车驶来的一刹那，他们按下的快门，也把自己的梦与现实重叠在了一起。

"你当了一次'骗导'呢！为什么不可以告诉大家？"我调侃他。

"那得讲多少话！而且有的会不感兴趣。"

"一部动画片，都可以影响人这么多年，写好奋斗的精神和美的情感的文艺作品，总能感染人。"我对儿子转移了话题。

其实，我心中想的是，当家长的，曾经是多么不了解自己的孩子啊！

我不知道，青春期孩子心理的成长，都是这样静静的、内生的？他们受着社会五彩缤纷的影响，就这样长成了。

我拍着儿子的肩膀，说："这一路走来，大家都说你辛苦，赞赏你这个'导游'呢。"

"你爬得累不累？要不歇一下？"言词像"导游"，神态却又像儿子。

我们停步。父与子同时向大海回望，白色的排浪，正不断地涌来……

第四辑

四表哥的大汤黄鱼

那年夏天,我十几岁,随母亲去鄞县三桥鲍家村舅舅家度假。母亲在这里一直生活到十七岁,才去了上海嫁给我父亲。四表哥见到多年未见的姑姑回家,从航船码头一直相拥着母亲进到家门。他被浙江一所重点大学因成分不好退学还没几年,却已经像个地道的庄稼汉了,黝黑壮实,见到自己的姑姑,未言先笑,露出一排整齐的白牙。母亲喜欢坐在屋檐下看书,四表哥有时会来与她聊天,或听或讲,眼神里满是谦恭,憨厚地笑着。他那时还未结婚,从地里收工回来后没事,每天傍晚便带我下河玩水,摸螺抓虾。

有一天,四表哥要为舅舅去宁波城里办事,带上了我。我们沿着河边的石板路走,他东指西点,笑着给我讲稻田、菜棚里的农事。

到了城里,已近中午。在最繁杂的一条街上,我们走进了一家老式的饭店,选坐在角落的一张四方桌旁。菜上来了,四表哥说,这是大汤黄鱼,很鲜的,是最好吃的宁波菜。

盛着黄鱼和汤的碗奇大,但黄鱼的头和尾还超出了碗沿,汤是浓白色的,淹没了黄鱼的身子,汤面浮着黄绿色的咸菜。四表哥告诉我,那叫雪里蕻,腌成咸菜后,配大黄鱼做汤,最好。

我先尝了口汤,极鲜,再搛了一块鱼肉,肉已酥软,被汤渗透,鱼肉与汤搅和在舌齿之间,是嫩鱼和鲜汤的融合,微微的有点咸,等到把饭送进嘴之后,所有的味感就都变得恰到好处了。这种被鱼肉、浓汤、米粒中和了的鲜味,让我欲罢不能,我的第二碗米饭,就是用碎鱼肉和着汤快速吞下的。

现在,我记不得那天四表哥还点了其他什么菜。我甚至不记得那天在宁波城里所有的一切:下午有没有为舅舅去办事?四表哥还带我逛了什么地方?我们回家时,是坐航船,还是步行……脑子里凸显着的就是那一碗大汤黄鱼,还有四表哥的笑容。

几年后,四表哥结婚,娶了村里一位成分也不好,却很漂亮的姑娘。我为他感到高兴。可是,他当爸爸后没几年,突然从村外的桥上掉到河里死了!他水性很好,他和我一起玩过的那条小河,水也不深啊!又过了不久,表嫂也掉入河中死了!一时,传言纷起,至今都无法弄清死因,那条河却已经在前几年干涸了。听到接连亡报的母亲,望着窗外时的那一声叹息,深长而沉重。

乡间的事,有时缠绕得让人迷蒙。

我一直想着四表哥,也一直想着他请我吃的大汤黄鱼。年轻时,在北方的森林里插队,吃大楂子粥的时候,都觉得四表哥会从遥远的地方走过来,笑着跟我说,大汤黄鱼要有雪里蕻配搭,才好。

后来,在离宁波很近的城市生活,在专营宁波菜的餐馆特为点过大汤黄鱼,端上来后,只见一只平底的大碗,四五条小黄鱼躺在碗底,每条三四寸长,汤与鱼身齐平,黄色的咸菜不少,有的藏于鱼底,有的浮于汤面,汤呈灰白色,一点也不浓。尝一口汤,满嘴咸味,黄鱼的鲜感全无。服务员说,这是正宗的野生黄鱼。我知道,这小姑娘是没见过四表哥请我吃的那种大汤黄鱼的。

不久前,去宁波参观天一阁,在网上预订了一家正宗宁波风味的餐馆。路过商业街时,还想找找看看四表哥请我吃饭的老式饭店,嘈杂的窄道早没了踪迹。儿子点的都是宁波菜,从烤菜、四鲜烤麸、清炒海瓜子、清蒸乌贼蛋到大汤黄鱼。我最关注的当然是大汤黄鱼,忍不住在桌上添油加醋地发挥四表哥的话:这几个菜,食材很难假冒,做法也不复杂。只有大汤黄鱼,需要汤大,鱼也大,还要上好的雪里蕻咸菜,加上合适的灶上时间和火候,才能有鱼和汤相融后的奇鲜之味。

端上的大汤黄鱼,的确碗大鱼也大,与我记忆中的大汤黄鱼相当,只是汤不浓,漂浮的咸菜叶大烂熟,没有清爽之感。尝一口汤,只是咸,撵一块鱼肉,又紧又粗,不似黄鱼般细嫩。有人说,这是白果子鱼呢!现在海里捕不到大黄鱼了。仔细看,鱼皮灰褐,鱼肚灰白。我一下想起来,小时候,家里买不起黄鱼,母亲常买便宜的白果子鱼红烧给我们吃,我们喜欢的是红烧鱼汤的咸甜,而鱼肉的木呆之感至今不忘。

车过鄞州区(原鄞县)地界,突然看到一座庙宇,是甘露寺,门变大了,殿也高了。这是离母亲的鲍家村很近的那座尼姑庵。

下车寻村去!

早知道鲍家村面临拆迁,没想到这里已高楼拔起,工地一片。终于找到了舅舅的家、母亲的出生地,却已是断墙残壁、瓦砾成堆。村口的那座石桥还在,桥下无水,乱石铺展。看清了,河床与桥面仅两三米高,四表哥和他的妻子都是在这座桥上坠河而亡的。

我在桥上呆坐良久。当年,舅舅就是站在这桥上,背对西下的夕阳，一遍遍地叫唤，让仍在河里扑腾的四表哥和我回家吃晚饭。我在这里想着四表哥命运的乖舛。他当年给我说的那些农事，让我觉得，故乡的美，就在这河两岸伸展开去的夏日的田野里……现在，河都没有了，他的大汤黄鱼，会不会也在这个世界上永远地消失了呢？

面对无望

小时候，日子过得艰难，母亲曾对我说，只要你们五个孩子都健健康康长大了，就有希望。也听到一位乐观的朋友遇坎后，信心十足地讲，生活中不免有难，跨越了，希望就在前方。可是，当你面对的困难无解，你所有的努力，都不能让你看到希望，你心中还会有一缕让你坚守的阳光么？

认识这样一个男人。

他从农村来，在城里读书，毕业后去了一家公司当会计，要娶公司一位花容月貌的女子。丈母娘不忍心啊：农村的、矮个，凭什么嫁这样的男人？比他大三岁的女子，却跟定了他。

人到中年时，先是儿子出了状况，发现患上一种很少见的神经系统疾病，行走困难，不停摇头，表达不畅，自理有碍，只能在家养着。还好，夫妻两人照顾一个孩子，过得去。至于孩子的前途，不去想了。

"还好"了没有多久，老婆得了恶性脑肿瘤，手术切除，是早期。他家里、医院两头管着，忙，累，但还有希望。说起老婆的病，他没有沮丧。

这微妙的希望维持了几年，老婆又患甲状腺癌，再手术，也还好，仍是早期，且非脑癌转移。他仍在心里存有希望。这希望的火苗有多大？从他脸上看不出来。每天早上，菜场、厨房、医院，再去上班。中午，回家，给儿子烧饭，自己也混上一口。下班，再去医院。

老婆回家养了没多久，突然摔倒中风，又发癫痫，不能言语，无法行走了。躺在康复医院病床上，两眼直瞪瞪望着他，叫不出他的名字。偶有一醒，说，我不愿再回家了。

从此，这"希望"两字，他不敢去想了，它飘渺去了找不到的地方。生活之路，生命之途，不去往前看了。

那一次见到他，看他精神尚好。我劝他自己保重。他说，还好、还好。向我复述每天从家、菜场、医院、单位、家、医院的行走路径。我听了有点喘不过气来。发现他隐露着疲惫。

这疲惫，不仅仅是身体的累，而是让"希望"这两个字搅的。一个男人，为自己两个最亲密的人，每天马不停蹄地奔波，又远远地避开"希望"这有着光亮的两个字时，他能靠什么去抵御劳累？

他曾经说，事情总还得一件一件做，这是没办法的。老婆、儿子的病况，他不说会好起来，也不说会坏下去。他只能想着今天一件一件的事，怎么做。

言谈之间，只是从来没有流露过一句：这是责任。"责任"显得太硬，生活中，太硬的承受往往会加重疲劳，而且，容易折断。

那一次，他说了几句和妻子在一起时的过往，还算红润的脸色中便泛出浅浅的笑容。犹如一块巨石重压下，在缝隙间开出了一朵淡淡的花。这让我觉得，他劳累的身体里，有一种情感在滋养着，这种情感，是年轻时的爱情与年长后的亲情的叠加，柔软而具韧性。

这是他的精神支柱，也成了长燃于他心中的火，逼退了角落里那些无望的灰暗。即便看不见远方的希望，心中的温暖，让这个男人，每天跨出家门时，挺直腰板，步履依然可以踏实。

这世界上，有多少人，在做着看不到希望的事？如果他心中有爱，他会得到爱的抚慰，力量便滋生于他的体内。他、他爱的人，以及他创建的这个家，也还是幸运的。

邻居大妈看着他拎着乡下的土鸡过来，对他的丈母娘说，你女儿一家多亏了这个女婿啊！已经八十多岁的老太太沉默着，不再言语。

这时候，丈母娘不会不想，"农村的""这么矮"，在生命的浪涛颠簸里，这算什么呢？以此取舍一个男人，何以成为一种标准？

前不久，男人的妻子还是离他而去了。他心中依然缠绕着对妻子的爱意。他把老婆的手机带在身上，不知道是想留住妻子的余温，还是想替妻子接听电话。一个不善饮酒的人，天天晚上喝起了啤酒。喝到血糖高达 20 多，突然想到，还要照料儿子！回头一看，窝在沙发上的儿子，正低头盯牢手机，咧着嘴乐。

他对我说，丈母娘他依然会经常去看望的，她年龄大了。

寻找诚恳

这是一个延续了半个世纪的寻找故事。

两人的相识,在浙江建德县大山深处的村庄里。一个二十二岁,穿着自编的草鞋,从杭州到那里已插队多年。一个十八岁,是离那个村几里地远的纺织厂工人,这时,参加了支农工作队,来到了村里。

两个姑娘的走近,乃至成为好朋友,说不清是什么原因。两人后来都说是"有缘"。可是,这是个有着太多内涵的词,并非如"缘"这一字表达的那样混沌和恰巧。从小妹口中说出的她的知青姐姐的身世和境遇,一个少女的同情、怜惜,至今仍能感受。

其实,她算不上知青。三岁丧父,五岁母弃,被爷爷奶奶收养着。穷,小学读了一年后,便辍学在家,帮着大人做家务。学了织毛衣,挣钱,自己却从来没穿过毛衣。毛衣的软和暖,只有手感。

她去山村插队,是老人给孙女找了一条自己养活自己的出路。当年的建德山村里,也穷,天天吃玉米,吃不惯,还吃不饱。艰难度日的爷爷奶奶,哪有余钱给孙女寄吃的、穿的?她只能自己养几只鸡,卖了蛋后,换回油盐。草鞋一开始编得松散,三天就要编一双。

小妹是建德县城人,能体会到一个杭州姑娘落户山村的窘迫和艰辛。看到她的饿,便常常走几里地,给她带点好吃的。有时,当着姐姐的饿得挺不住了,就去小妹住的厂区宿舍里,她相信,有小妹吃的,也会有她吃的。最高兴的是,姐姐跟着小妹去县城的家里。不必说大米饭管够,小妹的母亲会特地烧好几只建德家乡菜,让女儿和带来的小姐妹饱餐一顿。在心里,她感受到,这是一种母爱。

那一天吃完逛街,迎着秋风,落叶飘零。她与小妹在一起,孤单便被遗落在山村了,心里只有暖意。走过一家卖毛线的店家,那些五颜六色的毛线,唤起了她童年的记忆。走近柜台,她不由自主地对小妹说:"这种湖绿色的毛线可真好看。"小妹爽快回应:"你喜欢,我把它买下来。"掏出钱一看,还不够,差几元。"你在这儿等着,我回家去拿。"

这年冬天,她穿上了人生的第一件毛衣。走在寒冷的山路上,她的温暖,从心里弥漫至周身。

终于病了。一个孤独的年轻女子难以在这个穷山村里再扛下去。

回到杭州,住址变了。这对小姐妹,几年后断了联系。婚后拉上丈夫,回建德去找小妹。那时,杭州去建德的深山小村里,大路、小路、山道要走好几个小时。找到那家纺织厂,已经厂去楼空,曾经吃过很多顿饭的小妹在县城的家,也找不到了。通过公安系统查找,结果,同名同姓几百个。她无奈叹息道:哪个是我的小妹?

几十年里,那件湖绿色的毛衣,成了她唯一的念想。她把毛衣拆了又结,结了又拆,每年伏天,会从箱底拿出晾晒。女儿说,都不能穿了,扔了吧。孩子哪里知道,这是母亲怀想小妹的一种仪式。

她不会想到,七十岁时,因为要捐献遗体,却让寻找小妹的行动出现了转机。

那位跟踪她拍摄的摄影家问她,为什么要捐献遗体?她说,从前,我的日子过得很难,但有很多好心人帮过我,我要回报他们,也回报这个社会。现在,我最大的心愿是想找到在建德的小妹,希望大家帮帮我。

于是,有更多人知道了她的过往,有更多人开始帮她寻找。

第一个打电话给小妹的摄影师,说有人找她时,小妹瞬即说出了已回杭州五十年的姐姐的名字:"这些年里,我也在找她啊!"

见面前几天的视频对话,流尽了半个世纪的眼泪。小妹的母亲仍然健在,手机上出现了老人的头像,她情不自禁地说:"妈妈,我好想你啊!"

两人手握手地坐在了一起。心情平息了一些后,一位对她们五十年的执着寻找感到好奇的人连着问:"从清纯少女,到白发苍苍,你们依然心心相印,最欣赏对方什么?为什么非要找到不可?"

两人停顿了一下,随即说出了相似的话:"是诚恳。我们两人都实实在在,从来没有虚的。"

诚恳,值得她们半个世纪的寻找,一辈子的牵挂啊!

小妹在得知姐姐要捐献遗体的缘由后,再也不说一句当初两人在一起时,姐姐对她的好。一个对世界"以身相许"的人,再去说她对自己的好,她觉得,难以对应了。

只是,小妹仍然显得温良、率真的眼神里,闪动着泪光……

古镇"迂"人

我曾去岱山古镇东沙,镇上那条老街,一到假日,便汇集了四方来客。外表古朴的小饭店内,家家都坐满了人。

我们找的那家,外面是厅堂,穿过厅堂,是一个不小的天井,天井里有花架,挡着中午的太阳。

老板是一位戴眼镜的五十多岁的中年人,瘦弱而斯文。看我们喜欢坐天井,便迅捷地去将厅堂内的圆桌搬到天井。看他吃力的样子,不像干体力活的人。他又告诉我,厅堂柜台上放的炸鱼、熟海蟹,随便拿,只要告诉他一下就行。

看热闹的邻居大嫂说,他是个文人,节假日找几个家里人想赚点小钱,迂得很!她把"迂"字念出很重的音,我听出了她的不屑。

我看出来,文人老板张罗得不内行。他想做到,客人先来的,先上菜,却不知哪个环节没衔接好,总有点乱。因为排菜先后不清,还差点与炒菜的妹妹争执了起来。顾客点的菜,他记入一张白纸,可是桌与桌之间,却有搞混的。手头正与一顾客结账呢,邻桌有顾客招呼,他便走去应答,弄得正结账的顾客又大声叫他回来。

几位吃完离席的客人,却满意地对我们表扬这位文人老板,说,他热情,有古镇人的朴实,以后再来这里玩,还到他的饭店吃。

待我们吃完结账时,跟他说柜台拿了几盘菜,他也不查点,我们说几盘就算几盘。让我们很有点得到信任、受到尊重的感觉。收钱后,他又说,泡杯茶喝吧,免费,坐花架下聊聊天。

似乎有点不当外人的亲热。现在的酒店,都是饭前让你付费泡茶,餐毕,最好快点走人。在旅游点,更是一锤子买卖,一回客、永不见,哪还有留客闲坐的?同伴便也大声说:以后还来。

我观察他,他当着老板兼跑堂,看着是少了点章法。其实,他是为了尽力不冷落每个来客,尽力让每个人都快速地感到他的诚意,传染给他们透彻的诚恳。尽力过头,程序便有点乱。

文人老板送我们走时,不住地点头,驼着的背,显得有点弯了。这时我才注意到,扣得很整齐的蓝色旧中山装上,油渍斑斑。转身分手,我不知不觉地有种亲切的意味。

那位邻居大嫂"文人"两字的拖腔后,蹦出的一个"迂"字,让我分明听出,她眼中的文人老板不是做生意的料,不精明、不算计。于是,我想,能让客人来一次就想当回头客的,不就是一个"诚"字么?相比于热情诚恳,上菜、待客乱了点,真不算什么了。让客人任意拿菜、任意报数;免费送茶邀客人聊天,这样的随便,犹如走进亲戚家中一般。

文人中被称迂者,常有陈腐之嫌。这是因为这些人常拘泥于一些不合时宜的准则不放,于是,言行便显得与常人各异。如果说,"不合时宜"的"读书人""迂夫子"当老板,坚守的是传统文化中的德、善、信,这让我倒看出了他的"大聪明"。他不计小利,以诚为先,这正是经商之要旨。还有什么让客人"宾至如归"更能体现商人的成功？文人老板无意之中掌握了商人的经营智慧。

每个人都愿意与诚信者打交道，只是当下，这样的人少了起来，偶有，便贬其"迂"。贬"迂"之人，其实是与那位邻居大嫂一样的目光。

走在古镇的小街上，我仍然牵挂着这位"迂"老板：这茶叶泡出的汤，清绿微甜，不会是他家平时自己喝的吧？回应者说：可能是的，平日他不开店，不会采购餐馆用茶。我低着头想：这"迂"人让这条老街有了朴素的民风古意。而这古意，温暖着人。

下次再来，要问问他，你这位文人，"文"的是什么职业呢？

心　灯

在我们楼盘收废品、报纸的是一位五十岁刚出头的河南农民。不老，却也不年轻了，已经是两个孙儿的爷爷。

几年前，刚见到他时，给我留下了平实、拘谨的印象：薄薄的腰板似乎还挺不直，跟他讨价还价，他也不恼，不温不火地跟你诉说：东西都卖不出好价喽，嘴角还浅浅地笑着。

有一次，妻子跟他说，你住近郊，三轮车骑过田边地头，如看见有能种花的土，给我捎个半袋。过了没几天，他专门把半袋子土送到家门外了。妻子看他实诚，送了他一只真空包装的红烧鸭子。

我家订了十几份报刊，他说这个小区里就你家报纸多。于是上我家来收报纸的次数也多。熟了后，每次来收报纸，便聊上几句。知道他是初中生，当过兵。白天收废品，晚上另打一份工：有时去修补房屋，有时在厂房建筑工地当小工。每天多则300元，少则200元。一月有十多天，每天要干到早晨四五点，回来就直接到收废品的小区打个盹。

我问他，这样白天黑夜连着干，怎么受得了？

他说，没办法啊！老婆在农村老家，身体不好，要用钱。大儿媳妇在你们旁边的万象城商厦打工，看得眼花了，跟人跑了，扔下了一儿一女，要靠我补贴他们。

靠你这点收入,也补贴不了多少啊?

只能省着用啊!天天早晨一碗粥、两根油条,中午在外吃盒饭,最便宜也要十多元,晚上回家炒几个菜,与儿子孙儿一起吃。

那天早上,在地下室门口,见到他睡眼蒙眬,手里拿着一本旧杂志,晃悠着走出来,便与他打招呼。

也喜欢看书?

是的。这是收来的杂志,无聊翻翻。

以后我送你几本书看看。

那太谢谢了!

过了有好几个月,不见他来收报。一打听,老婆病倒要动手术了,他回家去服侍老婆。

我把家里的旧报纸杂志,都积攒着,等他回来,卖给他。

今年开春后,在小区路上看见他了,便说,我家里的报纸、纸板,你的三轮车都快装不下啦!

他跟着我上了楼。问他老婆病况,倒没见他揪心。淡淡地说,开了刀,在老家养着。

一大堆报刊、纸板,捆扎、称重后,他把散落在地上的几片树叶子捡起,裹进了报纸堆。我递给他一本武打书。说,闲着时看看,你还喜欢什么书?

他两眼盯着我,有几秒钟,随后轻轻地、有点不好意思,却也直愣地说,我喜欢看哲学书。

我瞬间一怔。他是为了表白自己的阅读等级?还是哲学书给过他生活的启示?在并不明亮的廊道里,我看到他说这话时,疲惫的眼神中有光的闪亮。

你喜欢读哪些哲学书?

我也看过一些外国哲学书，不大懂，更喜欢看毛主席的哲学书，好懂。

一个初中生，在城市的光怪陆离中，干着被人视为最低等的活，却心想着哲学。无论想看哪位哲学家的书，也无论他读哲学书，是为了想在艰难的生活中求方法找出路，还是为了在心静的时候，想人生之奥秘，即便是他想"炫耀"自己知道"哲学"两字，都让我对这位穿着脏衣服的农民产生了一种亲近。看着他说话时的小心翼翼，也产生出一种同情：一个收废品的农民，他说出"喜欢哲学"，得跨过自己内心深切的自卑。

也许，还有人会这样看，有"哲学"两字在心里，一个人便会有道德的准则，他的内心便会有对生命的期许。现在，有谁还会"炫耀"哲学呢？

我跟妻子说，一个想看哲学书的人应该不会缺斤少两。即便是我的迂拙，我也这样固执地认为。

我住的小区，是杭州的一个新城，周围大厦林立，商厦豪华，高档车飞驰。在这样的环境中，一个农民会面对各种诱惑、矛盾、困难，只有在心里把这些都扛住了，才能打好这份收废品的工，才能不慌不忙地活着。当下，他生活的压力正大，但他面对我的，却是淡然和平静，是因为他心中有"哲学"这盏灯吗？

心中有"灯"，眼中便会有光。我想，城里人的那一点点优越感，遇到这样的目光后，会不由自主地淡却。

前几天，他又来我书房搬报纸，边搬边随意地说：你们城里人多好，都有一间书房可以看书。

从他轻轻的话语中，我感觉到他深藏着的无奈。

如果命运曾经眷顾他，那个"哲学梦"不知会造就怎样的他。

保洁阿姨的"人格"

她是新来的保洁阿姨,我们二单元18个楼层的清洁和垃圾清运,由她负责。

第一次见到她,是一个背影。灰色工作服,弓背低头,在垃圾箱前,扯开一个个绿色垃圾袋。看我去扔垃圾,转过脸告诉我:你们垃圾分类不清,我要重新分过的。空气不畅的地下室,臭气飘浮。

一段时间里,发现门外十几平方米的电梯等候区,变得干净了,地砖有了亮光。妻子说,我看到她七点多就在拖地,她几点上班?

那天早上八点多,在单元大堂,看她擦完玻璃大门后,随即拿起拖把拖地,还哼起了小调。便上前搭话:你一天这么多活,每天都能干完?

我五点多就开始做了,一直到下午四点下班,否则来不及。

说着,打开手机,让我看垃圾箱旁堆起的一地垃圾。

"这些垃圾分好类,就要花一个多小时。"

"这样做十几小时,一个月多少工钱?"

"2500元。钱是不多,但事情要做好。"

"真辛苦你了!"

她突然表情有点认真地说:"不辛苦,这是人格。"

我有点出乎意料。五十多岁的农村妇女,说出"人格"两字,让我突然。

"你知道'人格'两字是啥意思?"我诚恳地问她。

"我没读几年书。"她瘦削的脸上露出腼腆的笑,"我想人格就是要凭良心做事,不偷懒,把事情做好。"

"你讲得真好!我要给你点赞。"

她开心地张嘴笑了,皱纹满脸。

算熟悉了。知道她是从重庆农村出来的。以后,每次见到总会聊上几句。

老公在建筑工地。每月发工资时,一手拎着酒瓶,一手上交给她五六千元。租房花一千多,每月给父亲寄去五百元。三个姐妹都五百。有时,干活哼着曲,同事说,你咋天天这么高兴?她笑着应道,我就觉得现在挺幸福的。

儿子大学毕业,在成都工作,要她回去带孩子。她说不行,要干活赚钱,把父亲养好送终。因为哥哥与弟弟都已去世了。就是亏欠了我媳妇,孙子四岁了,每年春节回家看到一次,给他一点钱,想他也得忍着,看看照片。

年轻时,在大田里锄草,村里有个男人说来帮她,但要陪睡。被她严词拒绝,从此不再理他。

她不吃同事给她的东西,后来她们说,不要看不起我们。于是接受,以后,她也带点东西和大家一起吃。

有一次,她走近我说:"有个事你帮我评评,是对还是错?"脸上显得疑惑。

原来她母亲年轻时，家里自己种的大米，除了给公公、老公、小儿子吃，其他人都不能吃，只能餐餐吃玉米、高粱、小米，留出的大米要去送给亲戚中的长辈吃。

她说："此事至今没让父亲知道，他已经九十多岁，知道的话，会骂死母亲，母亲五十多岁就走了。"

她问了几遍，这究竟是对还是错？内心的纠结，恐怕有几十年了。

"不过，母亲在夜半，我们都熟睡时，一个人悄悄在灶间给我们做地瓜小点心，地瓜切成小长条，拌糖，烤熟。第二天，偷偷给我们吃，不让父亲知道。"

我说："你有一个了不起的母亲，对你们几个孩子是亏欠了，对老人却是一种孝敬。她给你们做地瓜干吃，是在弥补心里的亏欠啊。"待我说完，她的眼睛有点湿润了。

"伟大"两个字，似乎就在我嘴边，但我忍住了没说。这个词，在她面前说，似乎有点虚了。说出的是："你的人格，是由你的母亲传授给你的。"

"可是，母亲走得太早。回老家，还不能对父亲说，他脾气不好，也老了，不能让他生气。反正也都过去了。"

"人格"两字，作为一个心理学术语，被学者作了繁复的阐述。从田间地头走来的农家大妈，却用朴素简单的语言告诉我，什么是人格，并且，以她的行为支撑着自己的表述。

以后，在面对这位保洁工时，要保持微笑，不要忘了问候她。

天凉了，妻子找出几件御寒的冬衣，送给了她。

这世界，我们该对谁谦恭？

大妹子

我拎了一只鞋去菜场。听说菜场门口有位修鞋的大妈,活干得好,收费也合理。妻子说,左邻右舍的都愿意去她那里修鞋。

摊位前,有位大伯正在让大妈修拉链。我看着她的满脸皱纹,透着慈善,想着是否该叫她一声奶奶,但是,嘴里出声的却是一声大嫂。

"你把鞋放着,买完菜来取吧。"

"大嫂,我不买菜,专门找你修鞋的,脱胶了,好弄,我等着就行。"

"我有这么老么?"

我突然有点呆住。我已经往小里说了呀!好在她是笑着说的。

"你不老,我肯定比你大,叫你大妹子吧!"我瞬间改口,她高兴地笑了,皱纹却拢在了一起。

回家路上,琢磨:这样的在乎称谓,似乎只发生在年轻的女人身上,这位看着已经六十多岁的女修鞋匠,该有什么故事?

又有了一次走近她的机会。我的另一只鞋也脱胶了,她用胶水粘妥贴后,我给了她十元,没让她找零。

"大妹子,听说你摊位摆了多年了?"

她回答我的问话,变得和颜悦色起来。趁着没有顾客找她,聊开了。

她从浙东农村来，先在另一个菜场摆摊，菜场拆了后，转移到了这里。前后该有二十多年。

"两个菜场的人都很照顾我，知道我日子过得不容易。"

有人拎着鞋到了摊位前，我不能影响她的生意。走时撂下一句话："下次有空，听你说说这日子怎么个不容易。"

受妻子之命，去她那里缝一条床单。正好她空着。

我开口一声大妹子，叫得高声亮堂，惹得她笑得眯起了眼。她告诉了我，她的不容易。

三十来岁时，丈夫车祸死了，单位赔了三万多元。有两女一男三孩子，再加婆婆，日子怎么过？！天都塌了！开始在乡下摆个小摊，啥都卖，水果、茶叶、衣服、鞋子。

"孤儿寡女，没有帮手，受人欺侮啊！"

"就没想着再成个家？"

"哪个男人敢要有三个孩子的女人？"

我几次听到了一个"熬"字。小摊就一天天熬着，不管是在夏天的豪雨里，还是在冬日的寒风中；日子就这样一天天熬着，没有鱼肉，能管个半饱；孩子却在半饥半寒中熬着一天天长大了。其实，这样的熬，是该以小时计的，是该以分秒计的。

"每年孩子交学费，都得到学校求人，要求减免一些。好在老师都同情我。可我，都是低着头进，低着头出，心里难受啊！"她的眼圈有点发红。

说到孩子的现在，她立马现出了微笑。

两个女儿，都到了杭州上学，一个上中专、一个上大学，挑了学费少一点的专业，她也跟着到了杭州，帮着管孩子。一边摆摊修鞋、缝纫。那些大伯、大妈们有东西拿来，只要她能修补的，都接，也放了一些家乡的山货出售。姐妹俩争气，毕业后都留在了杭州工作。大女儿医院里要培养她当护士长，二女儿从事信息技术行业，儿子在老家一个厂子里成了二把手，忙得很。

"我看你也是个好人，和你说了这么多。"这个"多"里，有她无限的欣慰。

以后，再去菜场，只要她空着，便会与她聊上几句。

最近那一次，她拿出手机，给我看儿子一家的照片。我说："苦出身的孩子，你教养得好，看着实诚、正气。"她似乎也更喜欢儿子，何况还有一个孙子呢！从她慈安的神情里，能感受到一个母亲心里的滋味。

"现在，孩子们都过上好日子了，你也该找个老伴，成个家，一起伴老了。"

她有点羞涩起来，低头垂目，只顾着自己干活。

"现在也难找到合适的了。"我听出来，她看重的是合适。即如当下，她仍不愿将就。

"我给你留心着。"

她抬头看了看我："那谢谢了！"淡淡的笑容里，有着一种希冀。

我明白了，"我有这么老吗？"这句话，满含着的是她对命运的不甘。母亲的职责完成了大半，但生命中的女人是终身的。

后来，我每次叫她大妹子时，看到她满脸慈祥的皱纹，在沧桑里便有几分酸楚。

她真不愿意就这么老去了！

男保姆

早晨，去附近的林子里散步，总能见到一位中年男人，推着残疾车过来，车上坐着一位年过八旬的老人家。车停当，中年男人抱老人家起身，抱紧后，慢慢挪步。我看到，这是一位尚显魁梧的老人，比那位中年男人既高又壮，两人拥抱着，如一位北方壮汉压伏着江南弱男。老人的右脚无力拖着，似乎是一位中风过的病人。

我天天看到他们。想着，承受了这样一位老人全身分量的移走，是一件多么累人的事！初春，在缤纷撒落的玉兰花瓣下，他们在林中甬道移动的身影，一直让我认为是一幅孝子敬慈图。

有一天，他们挪步了几十米后，在长凳上休息，我上前问候了他们。中年男人听到我对他的赞扬，非常高兴，却告诉我，他是保姆。保姆如儿子般尽心，我不由生出对他的敬意。

以后，每次见到这位男保姆，我会主动上前问好，他苍白的脸上便露出了笑容。一个陌生人对他表达的理解和赞赏，会如暖流潜入他心里，如果他偶然陷入自卑，这些问好，也会是一束微弱的光，点亮他的灰暗。有几天，我没见到他们俩，男保姆却在树林中，向我高高地扬起了手。在我看来，他已经把我当成了陌生的朋友。

两位逛公园的阿姨也在他们坐着的椅子边停下了。

这么累的活,一月能挣多少钱?家里还做别的事吗?

他朝她们看了一眼,没理。

公园里扫地的那个四川女人走了过来。

小兄弟,干吗围这么多人!家里那个老太婆又发飙了?

没有。

各人有各人的圈子。看来男保姆与保洁女是这个公园里可以互为"倾诉"的对象。

我也天天会见到保洁女,我问她好时,她便张大嘴笑。

那天,问她,发飙的老太婆,是那老人的老婆?

是的。那老太婆脾气古怪,在家里霸道,他推老头来公园,一边是帮老人锻炼,一边也是自己图个清净。

他光照顾老人,家里其他活不用干?

怎么不用干!啥事都他做。

有天路过时,见男保姆休息着,刷起了手机,便坐下和他聊天。

他是绍兴农村来的,老婆在老家照顾读高中的女儿。先是说只管病人,后来,连烧菜、洗衣、搞卫生都要做了,晚上,每两小时要起来给病人小便。家里还有条狗。活多不怕,病人也还好侍候,就是这老太婆,常要骂人。过去做生意,现在老了,还想着股票、基金赚钱,稍不如意,就连吼带叫,有时把狗食撒了一地。

干得不开心,怎么还做得这样认真?

既然做了这份工,就按着本分做,不与老太婆计较。他们的大女儿挺好,有时回家来,知道老太婆又惹事了,会跟我解释,老妈年轻时脾气就不好,让我原谅她。还时不时地给我塞点钱。

除了不用买菜，日夜没得消停呢。

是的。每天一早，做完早饭，要帮老头起床，他人高身胖，自己不会动，挺累的。看着这老头也可怜。说着，笑眯眯地用双手在老人脖子上抚摸了一下。

这个不由自主的动作，让我觉得，在他们的三人世界里，已不能讲话的病人，是他的精神慰藉。

你把病人服侍得好，我看他气色比你都好，红润润的。

他能吃，一天三杯牛奶，一顿半个鸭子。我吃鸭脖，呵呵。有时他晚上吃多了，还带他在楼下会所里走几圈，否则晚上就不停地哼哼。

套在西服外的围兜上有口水的痕迹，这是老人的脸贴着他的肩膀流出的。

压着你这样走，你也走不了几步啊。

是啊。他年轻时是船老大，身体壮。现在，只能走几十步，歇一下再走，走少了，没效果。

听着这些话时，老人的眼睛一直看着我们，脸上没有任何表情，不知道他听着，心里在想些什么。

很多保姆，纠结于干多少活，拿多少钱。几次想问他，每月东家付你多少钱？看着他疲惫的面容，一次次打消了问的念头。

这些负压的沉重移步，是多少钱能支撑的？每天移步的距离，更不是钱能丈量的。公园里的探头不会留下两人相拥移步的身影，老人也没有能力向怪异的老婆禀报自己每天锻炼的情况。他或许略有医学常识，或许有"挺好"的女儿对他的交代，但是，如果没有善良和诚实，在春风吹拂的公园里，这一切，都会化为乌有。

有十来天没有见到这辆残疾车了。去问住在厕所管理间的女保洁工,她说,我也纳闷呢,人怎么说不见就不见了呢?脸上一副转身就是天涯的茫然。

我在公园里的时间比原来延长些了,说不定哪一天,他又推着老人,走进了这片树林。

我想跟他说,公园里那位打太极拳的老伯和几个练唱的大妈,都在念叨你……

菜摊两口子

妻子骨折卧床,我充任"马大嫂",跑起了菜场。

每天去报到的那个菜摊是妻子"移交"的。第一次临场,与那位白胖的女摊主作了"交接"。目的是不让摊主有欺生的机会。还给她一个"下马威":妻子是因为买了你太多的菜,骑车不稳,摔了。她看着我,笑了:可不能这么说。

我是个不知菜价、不懂陈鲜、不看斤两的主儿。第一次出场,得把自己的"无知"藏掖着。东挑西拣、讨价还价。其实,这种小伎俩,在见过无数过客的摊主前,无用。你挑拣的动作,还价的言语,立马露出你的不识行情。不过,她照例像对待任何顾客一样对待我,抹掉零头、送我小葱。还特别指着鲜红的小尖椒说,吃辣吗?也拿几个去。绿叶衬托下的小红椒,煞是可爱。我不吃辣,却把四五个小红椒装进了白塑料袋。

去了一段时间,发现,她的菜摊,是整个菜场里顾客最多的。与她隔道相望的那个男摊主,守着自己冷落的摊位,脸上露出尴尬和苦衷。和她摊位紧挨着那个女摊主,却和她有说有笑,经常是你烧的玉米,我尝新,她煮的番薯,送过去品味。两个摊位搞起蔬菜品种的互补,在她的摊位不见的芦笋、土豆、圆椒,我会去隔壁摊位买。

无论何时，谁走近她的摊位，她都笑着招呼，不管你站在第二排，不管她手里正忙着称菜、收钱。对那些挑剔的大妈，也不沉脸，笑眯眯地帮你剥掉发黄的白菜帮子。时间一长，这些大妈都成了她的固定客户。

摊前叽喳一片的时候，她那位穿着蓝布大褂的老公永远默默地在一边理菜，给青菜剪去带泥的根，给蚕豆剥去外面的壳，把大白菜码得齐整，将油麦菜去掉枯叶。有一次，见他的电动车正停在摊位边，往下卸一筐筐西红柿，个大、鲜红，长得却不规整。问他，这西红柿为啥与别的摊位不一样？他说，我这是郊区农田里长的，他们都是从批发市场采购来的，外地货！

这才知道，他与一个远郊蔬菜大户挂上了钩，西红柿和各式蔬菜都来自这个大户。摊位里蔬菜品种不算丰富，卖的却都是时令菜。春天的豌豆、蚕豆，夏天的茄子、丝瓜、玉米，都是他们摊位先露脸。有时，他来不及整理，这小青菜便带着泥上了摊位。他告诉我，每天凌晨一二点，骑三轮电瓶车十五公里到地里，不管寒暑，不论雨雪。"我的菜，在这个市场独一份。"五十多岁的他，黧黑的脸上自信满满，却没有掩住肿起的眼泡皮。

那年八月，"利奇马"台风来袭，他那个蔬菜基地的方位，刮12级大风。过后，问他，那天早晨，你也去拉菜了？他轻描淡写地说："每天几百号人要吃菜，不去哪成？这风不怕，吹不倒我。只要不到大树底下躲，就成。"

有一次，他正忙着卸菜，我与他聊了几句，却把一包豆腐忘在了摊位。他老婆追了上来，我刚下到电梯旁，她在二楼电梯口叫住我，把豆腐放在电梯台阶，顺梯而下，自己匆匆离开忙去了。

第二天，我到了摊位前，见两口子都在，跟他们开起了玩笑：老弟，你这摊位天天人挤人，都是靠了你这位"阿庆嫂"啊！边上一位大伯立即附和：是啊，她每天乐呵呵的，我们都愿意天天来！

他不服了："那是我送的菜水灵、新鲜，没有这地里直送的菜，你们还能天天来？"

一位大嫂说："这话实在，我休假半月，今天就特意来买带了泥的小青菜。"

他顺势叫起了苦："再过几年，我就不做了，太累啦！"

"你可不能退啊！到时，我们去哪儿买菜？"

"让你老婆多做点好吃的，你也注意休息，把身体养得棒棒的。"

一片喧哗。

我却有点同情他，他总让我看到脸上的疲惫。

今天上午，我到菜摊已是9点半。她给我称好菜，急忙打起了电话，钱忘了收、葱也忘了送。我问她，啥事这么着急？她说，老头到现在还没回来，不知路上会出啥事。

我立马安慰她，你老头开车技术好，不会有事的。

她脸上仍然没有笑容。

明天早上，我得去问她一下：老头好吗？

卖水果的老妪

我记得，城东运河边那些初夏的日子。

晌午前的时光，岸边的人少了，透明的阳光被绿荫挡住，坐在树下的长椅上，便有凉凉的风吹来。这时，总能看见一老妪弯着深深的几近90度的腰，挑着扁担蹒跚走来。扁担两头箩筐的笪上，有少许的桃、李、苹果和香蕉。这是一个卖水果的小贩。走近时，能看见她脸上皱纹间的汗珠。缺了牙的扁扁的嘴却总是微笑着，眼睛里看不到忧伤。

我的心里却充满同情：这样的老人，还在为谁辛劳呢？

有一次，见她担挑得轻松，便招呼她在长椅上歇一歇。我拿起扇子向她摇了几下，套近乎："您老身体好着呢，家里还要靠您这点钱过日子吗？"

这回她笑得有点得意了："不用，儿子开厂，给我钱。我六十八了，老头子在家闲逛，我信佛，要用自己挣的钱去买香烛、买供品。信佛，心要诚啊。"

她话多了起来。于是，我知道，每年夏天，她从山村的家到近郊的水果批发市场，进两担水果，再坐公交车一个多小时，到这个她看好的地方摆摊一上午，有时还要与城管"打游击"。

"买香烛，非得要自己干活的钱？"

"信谁了,就不能骗谁,佛在看的。"

初夏的风传着她的话音,让虔诚的意念在我心头拂过。她的皱而丑的脸,因为她的诚和乐,洋溢着幸福。

我目送她挑担弓腰的背影离去时,想起了那次在海岛上,一座寺院里看到的场景。

香火缭绕的殿堂内正做道场。突然,有黄袍披身、手执木杖的住持,带一长队僧人游行。第一次见到这样的场面。队伍快进殿堂时,有二女施主站立门口,手拿两叠人民币,凡僧人跨入殿堂,便送人民币几张,僧人快速塞进宽大的衣袖内。我看到排着队的僧人企盼的眼神,只有少数七八十岁老僧的眼光是淡定的。我也看到拿到钱的年轻僧人游移、兴奋的目光。我还看到有的僧人走过去时,站施主身旁的僧人会与施主耳语几句,施主便多拿几张人民币赠予该僧人。

不知道这是一种什么礼仪。金钱在寺院可以当众分配,宗教的精神品格便受到侵蚀了。众僧在面对人民币时所表现出的神情,按耳语就可得重赏的操作,让我感觉到,脱俗的僧侣,被物质搅动得心绪烦乱、心神激荡,哪还有静心诵经?金钱的诱惑正弥漫寺院。

物质化的寺院,它还是信众心中的灯塔吗?

我真是为老妪的诚挚感到不平和难过。我一直不敢将看到的寺院场景告诉她,怕她感到悲凉,怕她源自内心的幸福感从此消融。我知道,当她还天天为心中的佛主,苦苦修炼着诚心的时候,那些身披袈裟,守护佛堂,以传教为己任的超凡之僧,却已经离佛教的教义远去。她以自己老去的身躯付出汗水和气力,去换回香烛、供品,到哪里去寻找真正值得跪拜的神殿?

信仰给人们的生活带来希望和目标。有一位思想家说：信仰不是一种学问，信仰是一种行为，它只被实践的时候才有意义。当一种信仰的传承者、布道者，在自己的实践中破坏教义时，这种信仰就失去了吸引力。有好几次，面对老妪多皱的笑脸，会想到，如果她知道那些寺院正出现背离信仰的行为，她的笑容，还会那样幸福地浮现着吗？

我的家已搬离了运河岸边，住在一条大江的边上。闲坐江边时，时常会想起运河边的那位老妪，想起她弓腰挑担的身影。

又到了初夏时节，她担子里的水果卖完了吗？

打两份工的人

与小区里的保安、保洁员、园林工闲聊,才知道,他们中的不少人,一天都打两份工。

打两份工,打出了生活新气象的,是给我们这一片区域送信送报的邮递员。他每次把汇款单送来时,我在收取签字的间隙,便与他聊上几句。

他是江西人,曾经在部队是陆战队员。人不高,却看着结实苗壮,说起话来,语速不快,诚恳有礼。我曾经与他客套:你这工作也辛苦,按时送达,风雨无阻。他说:我报考这个工作时,他们问我,能吃得了这苦吗?我回答他们,陆战队员什么苦没吃过,还在乎这一点风雨?说这话时,有点不屑一顾的自信和傲然。

我喜欢他的这份男子气。话又向打两份工扯过去:老婆和俩孩子都在老家,你这份工作能养活他们了?

哪里够啊!我都做了好几年专车司机了。

晚上开专车?一天两份工,够累的!

没办法!有时下班早,白天我就上路了,一直干到半夜。

两份工,哪个赚钱多点?

开车多,专车刚起来时,有补贴,赚了不少。现在,也比邮局这份工作赚得多。

他诚恳的态度，是因为开着专车养成的？我没问。

去年预订报刊的时候，他跟我说，让他上门来订，单位里有指标考核。我知道，订报刊，还有一些提成奖励。他开给我的收据中，有一本杂志，价格比往年高出近一倍。我问他，是否搞错了？他认真起来，在微信上传来一整本报刊价格目录。意思是，你自己看吧！是我错怪了他，这本杂志价格涨了一倍。这让我感觉到，这位陆战队员不接受怀疑，他坚定地维护着自尊。这，比他吃点苦更重要。

有一次，他说，我考上了夜大，读两年半，拿个大专文凭。我一听，立即称赞他：那更辛苦了，时间安排得了？

那也是没办法。我在单位里算是最小最小的头，人总想往高处走，现在没文凭不行啊！刚复员时，在老家县城的司法部门上班，因为没后门，没文凭，当不上公务员。现在我还年轻，再拼一下。

听得出来，那段经历，让他很不服气。

我先要多赚点钱，已经在杭州按揭买了房子，把老婆孩子安顿好了，一边还按揭，一边再学到一张文凭，过几年，日子稳定了，再把老妈也接到杭州来，让她享享福。

我说，你还不到四十岁，干什么都还来得及，陆战队那几年，把你磨炼得钢硬了。奔着目标做，一定会有更好的日子。

他嘿嘿一笑，还有点羞涩。接着，又坚定地说，那是必须的！

过些日子后，看见他朋友圈发的图，是一张英文考卷，他写了一句话：它不认我，我不识它。有点无奈，却透着调侃。

又见他时，我说，学习不易吧？他说，我就是英语不行，慢慢熬吧。学了，总要花点工夫，会比别人多用点时间。

那你第二份工的钱少赚了？

还好，挤出点休息时间。

偶然，发现他朋友圈的两段视频，一段是冒着瓢泼大雨，行驶在高速公路上，说是回老家为女儿在学校的一次演出加油。另一段是战士在郊外训练，写了一句话，好怀念当年从军的日子。

有时，我塞给他一个苹果或者橘子，他也不推辞，只是不忘说一声"谢谢大叔"。

前几天，看见他的电瓶车在小区里飞驰而去，和那些保安打着招呼。漂泊在外，都是哥们。如果这些"哥们"，打一份工，就能体面地养活一家老小，回家"老婆孩子热炕头"，那该多好。

什么时候，去坐一次这位陆战队员的专车，看看他打第二份工的模样。

在古村,老人笑对着我

我喜欢与老人聊天。有时,听着是几句闲言碎语,你却会蓦然觉悟到过日子的坦然和豁达。这算是一种生存智慧么?

两个村,坐落在一条道的两端,一个在离高速路不远的平原,另一个已到达深山腹地了。闲静时,村里那几位老人的面容,常常会浮现出来。还会成为再去村里的又一个理由。

那年夏日,引着我到山村的,是道旁无尽的荷花那一片碧绿粉红,还有隐隐飘来的微风清香。村口,两株粗壮的百年大樟树荫翳满地。

窄窄的村道旁,沟渠里淌着的山水,清冽地流出了声响。一位老妇坐在小凳上,弓着背,低头洗一件小衣裳,动作迟缓:衣裳漂于水面,慢慢拎起,慢慢搓几下,再一手捏着衣角,把衣裳慢慢放进沟渠让水漂着。

她觉出旁边有人,抬起头看我。皱纹里张开着笑,乐得有点腼腆。老人该有八十多了。我蹲下身问她:"为啥不叫孩子洗呢?""他们忙,我也好活动活动身子。""可别累着了,有八十了吧?""八十六啦!累不着,你看我每次洗一件。"说完,有点得意,露出自我把控的能干。

一个画面,几句闲聊而已,山村老人的神情,却被我留下了。

道口那座村庄，来得多。知道村里小路的走向，知道古宅、祠堂、戏台，乃至改造成咖啡吧的猪圈在哪条巷弄里。

有一年腊月，入村，古戏台那边传来乐声，夹着学戏的腔音。穿巷走近，高台上，真有一中年妇女，着便装，正走步甩手，应和着录音，唱出越剧《碧玉簪》里"手心手背都是肉……"，这是这一带，方圆百里乡间，妇女百听不厌的段子。

戏台隔着丈宽的石板路，是一厅堂，置放着几张八仙桌和长凳。四五个村妇，边嗑瓜子聊天，边听着"手心手背"……一位老太太坐在厅堂正中间，一身紫黑棉衣，灰白头发光洁地在脑后打了个髻，腰背不弓，双手暖着火冲。引我注目的，是她的神态：无牙瘪嘴的脸上眯眼笑着，目不斜视，穆静、舒坦。这眯眯的笑容，让我想起小时候奶奶的慈祥。

我不禁上前问候她："奶奶坐得真端正，她唱得好？"

她抬头笑了："嗯，一个村的，我们挨着住。"张开的嘴里，没有一颗牙。

"您老精神，多大年纪啦？"

"九十二了，不大，村里还有好几个更大的。"说着，把火冲递给我，"今天冷，暖和暖和。"

我不好意思接，在火冲上摸摸，暖暖的舒服。谢了她，说："来回走，得慢点，别磕了碰了。"

"没事，现在路修得好，我等她一起回。"朝戏台上指了指，又补了一句，"一路上，好话坏话说两句。"说完，呵呵地笑出声来。

我被她的快乐、爽直感染："您年轻时也上过戏台？"她不回答我了。

邻桌几个嗑着瓜子的村妇,都奇异地看着我:怎么与一个老太婆,有话可聊?我却在想着,有多少人,在这个年龄,还能有这样的心绪。

已是傍晚,向着村口走。迎面走来老两口。老伯乐呵呵地朝我开口:"回啦?"我一怔:"你们也回啦?""孙子要来看我们,今天早点关门。"老伯咧开嘴,笑得舒心。

我突然想起,这是一家杂货店的老人,前两次来村里,都在他店里买过东西。第二次付款时,给我抹去零头,笑着说,你以后常来玩。神态、口吻,像旧时店铺里的老伙计。聊了几句,才知道他就是老板,已经九十四岁了。我当时的惊叹,一直没忘。老人朗声说道:"闲着也是闲着,活一天,做一天。"看到我双手伸出大拇指的夸张动作,他开怀大笑。

转过身去,看着两位老人的背影,在铺着青石板的巷子里走远。他们的背都驼了,没有互相搀扶,步子慢慢的、稳稳的。不知两边白墙中的哪一扇木门里,他们的孙子会突然跳出来,笑着站在爷爷奶奶面前。

又到了夏天,我想起了村道旁那一片荷花,也想到了那几位老人。再到山中那个村子的时候,正是午后。走进村里,安然宁静,一只很大的黄狗在树荫下慵懒着打盹。山泉依旧流淌,渠边没有洗衣的老妇。老人的隐与现,有时不能多想,就像外村里一位老翁,一年前见到,还好好的,聊着年轻时在杭州读书的经历。隔年再去,大门紧锁,问邻居,说已经归去了。我只是觉得,这时,洗衣的老婆婆该在午睡,醒来,便会拎一件衣服,拿一张小凳,慢慢地走到渠边来……

在村里的农家餐店吃完晚饭，走到河边的开阔处，山野静寂，穹天蓝黑，细而密的星星布满夜空。正抬头追逐流星的儿子说，在宇宙间，地球也只是颗粒子，人只是微小生物。我接上了话，也有人讲，人是濒危的稀有物种，弥足珍贵。这时，我们都仰着头，看"宇宙间"的群星璀璨。"微小"的个人和"珍贵"的物种所含的意味，让我联想到村落里的这些耄耋老人。这几百年的古老村庄，是他们的世界。他们接受了这个世界近百年的提醒和告诫。在走向生命的最后时日，这些经历了一生颠簸的"微小"而又"珍贵"的老人，他们率真、喜乐的神情，是洞察世间者最自然的面容。

记得母亲在九十二岁时，有一天，又说起生与死。她对我说：我已经活了这么久，不会怕死的。说话之间，总显悲凉。当时，我只是感到无奈和不舍，却不知道该怎样应答她……

每次相遇，都值得珍惜

昨晚，听香港著名管风琴艺术家黄健羱女士的演奏音乐会。偌大的音乐厅只坐了四分之一的听众。演出结束时，我和朋友起立鼓掌，一直到她二次谢幕结束。

走出音乐厅，朋友说，这是我们与音乐家的一次相遇，无论听众多少，我们都应该表达感谢。否则，会心存遗憾。

一次相遇，往往是终身告别，这让我感受到一种别样的人生况味：人与人之间有多少相遇，是让人忽略了，追忆时，便怅惘不已。

我想起一位老人。

那一年初秋时节，良渚文化村内的农庄有了菜熟果硕的景象。树上的香泡沉沉地垂着，庭院里堆着长长的萝卜，不远处，菜地里的小青菜油亮，大白菜已经翻落了外包的叶子。一位穿着脏旧中山装的老人，正翻弄着萝卜。本来只是观赏秋景的我，突然起意想买农庄的青菜。老人抬头望着我，没吱声。旁边一中年帮工说：有的，院外地里他自己种的。他指了指老人。我看见老人满脸胡茬的黑红皱脸上，有腼腆的笑容。老人该有六十多岁了。

我跟着老人出了院墙。这里有一小块菜地，菜地旁是一间板房，一只黑色瘦弱的瘸腿小狗惶恐地看着我们。"你自己割吧，挑好的割。"老人给了我一把铲刀。见我动作生疏,老人便帮我割了一大捆,把发黄的老菜皮一一剥掉。"你这样不亏啦?""反正吃不了,也烂了。"

原来,这块地不是农庄的,是老人在荒地中开垦出来,自己种点蔬菜,自己吃的。有人要买,他便赚点烟酒钱。这事不能张扬。

我到他屋内去称菜。阴暗的光线,只见一板床、一煤炉、一方椅上有吃剩的花生和辣酱,还有一只积满灰尘的小电视机。屋内弥散着酒的香气。他称完后,把零头的分量减掉了,我便多给他几毛钱。他又露出了腼腆的笑:"以后要吃菜再来,我这菜干净,不上化肥。"

等我第三次再去,我们已经相熟了。割完菜,我们坐在院子的石阶上聊天,拂着秋风,沐着秋阳。

"中秋回家么?"

"家在陕西,太远,再说老婆也没了,不回了。"

"他当过兵,身体好着呢,老婆走了好多年,我催他再找一个。"中年帮工打趣。

"现在哪还讨得起老婆,要多少钱!"可能是这"老婆"两字,引得老人把眼光投得远远的,脸上显出沉郁。

他似乎还在念想着自己的陕西婆娘,他的心思里难道映现了婆娘的身影,抑或是荒地上婆娘的坟茔?

"俩孩子都成家了,我这辈子,行了。"说的是行,流露的却是无奈和孤独。

"孩子在哪儿呢?"

"在老家。我原先在浙江当兵,就跑这儿打工了。"

孤老一人，千里打工，我的同情心涌了上来："中秋我来看你，给你带酒喝。"

"这哪好意思。"他脸上又有腼腆的笑容，"你们城里人现在时兴自己种菜，我给你开一块地，你来种吧。"

我没寻思种菜，却高兴地应着。老人把手机号给了我，说下次来先打电话，免得白跑。

近中秋时，我却病了。但没给老人打电话，我想病好后再去看他。

中秋过后，我带了酒和食品到了农庄。门口有陌生人告诉我，农庄易主，原先的打工者都辞退了。我立即拨了老人电话，却已停机。我不甘，到了老人原来住的地方，只见小屋已平，菜地已毁，只有那只瘸腿的小黑狗匍匐在地，那种无望的眼神，令人心生怜悯。

我呆怔了。一个人就这样消失了？

是的，那一个没打的电话，让一次偶然的相遇终结了。我想着老人腼腆的笑。在当下，能遇见在笑容中有着朴实和憨厚的人，是一种幸运。现在，我只能遥想着老人远去的背影，在自责中茫然若失。

人生中无数命中注定的相遇，铺就了你生活的图景。但是，那些萍水相逢的偶遇，却是你生活图景中添加的色彩，它们有的会让你产生命运奇缘的愉悦，有的会激活你心中久存的，那些纯洁而善良的品性。

遁入人海的老人，我们无缘再相见了，你喝酒的钱，够了么？

第五辑

山巅小寺

浙江岱山岛东北面的海上,有一小岛,叫衢山岛。

去之前,对这个小岛一无所知,甚至不知道岛的名称。一般的地图册上,连它的一个小黑点都没有。上岛之后,同游的小文青说了一句俏皮话:我静穆于海中央,你们却踏浪而来。

从岱山岛出发,坐了半个多小时的船,一上岸,就有出租车司机介绍去观音山烧香,说此观音山为观音得道第一山。

岛上公交车仅为住岛居民设计线路,没有到旅游景点的。我们成全了那位司机,包了他的车,第一站就直奔观音山。

山道弯曲,快到山顶时,坡极陡,峻险之景,让山顶的寺院顿显孤高、巍峨。

寺院仅一座殿堂,进入小院时,无人、干净、安寂。正闲走,从殿堂走出两个男人,一老一中,一老有江南人的干瘦,一中却有北方人的壮硕。两人旧衣着身,神情安适。告知其静寂之感,老人说:"现在人少,吉日时,海内外都有人赶来烧香求福。"

"庙小名声大,这里住几个和尚?"同行中有人快嘴。

"此庙叫洪福寺,咸丰年建。山中有上中下三寺,中寺最大,算总部,我们这上寺算中寺的派出机构,就一和尚长住。我俩帮着看管,做杂事。"

我听之莞尔。派出机构？想学政府机关呢。

"我们这庙灵得很，特别是求生男女，东南亚华人过来很多的。"中年人说。

同伴调侃："派出机构，活干好了，一样让人远道而来。"

我笑问："小寺独踞山顶，平日不像下面二寺香火旺，也寂寞吧？"

老人说："每天清风静气，和尚读经，我们打理杂事。清爽、寂静，才像寺院。"

同伴问："那靠什么维持开销呢？"

老人说："这儿收入不比下面两寺差，那些香客来求子的、捐善款的，一年也不少。那和尚一年工资有十多万呢。"

在三百多米高的山顶往四周看，一片汪洋。山顶的小寺，却成了南洋华人的灯塔。不知道是百多年来各位和尚修经勤勉，还是山风有灵、观音降福？

我看这殿堂内外，置放有序；四周角落，一尘不染。这一老一中静心于绝崖孤寺，也是为灵气所引？

我相信，这独兀山顶的小寺，能神息不散，除了守寺和尚的诚心，一定与一代又一代打理寺院的孤独老人有关。他们朝夕勤奉佛像左右，身心以扑，让院落、佛像、烛台，灵光净洁，求道者入门，便心清神静，与佛融合了。如果寺院凌乱混杂，尘积垢堆，怕是和尚再虔心诵经，烧香人也会转身离去。和尚在，使佛魂得以延续，而吸引香客，也还免不了殿堂要有静、洁、清的庄重氛围。

出寺门后，见一和尚在山崖边与路人聊天。就是这"派出机构"的住持了。长得圆头大耳，红光满面，一脸福相。这时，我回望寺院,那一老一中两个男人,正在清理殿墙外石板路边的杂物,中年汉子怀抱树干枝杈走来,老汉边指点,边捆扎。神定情闲,慢慢悠悠。路边山崖的树林里,清风簌簌传来。寺主内修住殿,便不需打理俗事粗活,在这高山之巅,尽显超凡脱俗。而这一中一老的男人,则以自己的辛勤,让寺主超凡的修佛魅力得以实现。

到了山下才知,山上的上、中、下三寺,统称广济寺,三寺又各有寺名。抬头仰望绝顶小寺,只见殿屋凌空、风拂幡飘,静气中更有昂然之象。

中午时分,在山下的餐馆见到几位宁波游客,说每年来此进香,前几年,有了孙女想孙子,到观音山洪福寺相求,第二年,果真得一胖孙子。爷爷边说边逗孙子,好不快乐。当奶奶的也做起了宣传:那个小寺可真清静,很灵的!扬声的音调里,对洪福寺充满虔敬。

看来,观音山名扬海内外,其实就是山顶上这座小寺的作用了。我与宁波老人说笑祝福,忆念中出现的影像,却仍是一中一老那两个男人和殿堂的洁净安宁。而和尚,则成了隐于庙堂之内的背景。

洪福寺的灵验是传说,但它却让人明白:绝崖孤寺可以不羡煌煌大殿,只要守寺人心静身勤,神也可隐入信道者之魂。

佛门之外,便是尘世。佛与尘,有门槛相隔。其实,在这人世里,佛尘之间,可以相融;道和理,也是相通的。

荒岛落日

这个小岛位于这片海上群岛之北。有人说,这里能观赏到壮丽的落日。于是,一行四人便兴冲冲驾车赶去。

这是一座孤独的小岛,仅有丈余宽的小桥与外岛连接。进入小岛,便有荒凉之气迎面扑来。十几幢二层水泥小楼,墙体斑驳,门窗破败。有几户人家,还用长长的木板交叉封住了大门。屋后堆有破缸碎瓦,墙根杂草丛丛。屋宇之间,没有一个走动的人影。

一个简易的码头,有两艘木质渔船海边静泊,空地上有几辆车、三五人,似乎在等待着什么,却不像等待落日,他们的眼神里没有闲适。没多久,一只机动舢板船驶了过来,一个渔民拎了两桶水产上了岸。这几个人立马跟着渔民到了最靠海的那间屋里。几分钟后,两桶水产拎在了这几个人手上。一路笑声不断,上车扬长而去。

现在,整个小岛,就剩下我们四个人和那位刚上岸的渔民。太阳仍在海平线上方朗朗地照着。

我们进了渔民家里。满脸赭红的渔民五十多岁的模样,见了我们,爽朗又热情:"落日还早嘞!这还有四个蟹买了去吧,可都是刚捞上来的。"

我好奇着岛上的荒凉,便问:"这岛上人呢?都去哪儿啦?"

"都到镇上住了,这里不方便生活,买东西、孩子上学都要去镇上,太远啦。"

"不还有着两艘渔船吗?"

"出海时,我们骑电瓶车过来,靠岸后,再回镇里。"

"那这里成荒岛啦?有人说这里落日好看?"

"好看能当饭吃!?总要先过好日子!"

已有同伴和他论好了买蟹的价钱。300元,四个碗口大的蟹,还算壮实。

有人问:"现在来看落日的人还多吗?"

"少多了,岛上没了人气,荒疏了。"

屋内还有煤气瓶。找到一只锅,四只蟹煮上了。又在一个角落,找到了两只积满灰尘的盆子。我们在屋前摆上两个高低不平的凳子当桌,坐在残缺摇晃的竹椅和装着空瓶的啤酒纸箱上。四只煮熟的蟹端上时,香气飘浮,四人一阵惊呼,鼻嗅手撕,大快朵颐。一位同伴撕下了一只蟹脚走了,自告奋勇去"监督"落日下沉的画面。

终究是刚离海的蟹,鲜美极了。消灭了四只蟹后,阳光淡弱了起来。大家起身跑向海边。

暗红的落日已近海平线上。我们选择了一块礁石,所有的相机、手机都对准了远方的落日。大海安宁无波,落日的霞光铺展在海上,闪闪发亮;余晖照射到白云,白云便染上了橙色。彩云在天,光波亮海,海天一体,辉煌璀璨……瞬然间,落日的光收敛了,海边的太阳成了一个无光的红球,很快就沉落下海面,只剩天海尽头那狭长的紫红色的云,无奈着。这时,天暗了下来,天上的云团呈现出紫灰。回头看岛上的荒村,暮色四合,一派苍凉。

十月初秋,太阳一落海,海风便凉了。那位渔民早已骑车离去。现在，我们是岛上唯一的旅人。孤岛、荒村、海浪，突然便有空落的寂寞感袭来。

有人欣赏大海落日与孤岛荒村呈现出的壮阔的悲凉，但是，我却更喜欢大自然的起承转合与人间生活融汇的温暖。站在秋凉的海风中，面对暮霭中的荒岛，这一感觉特别强烈。

如果那些渔民还在，那落日的余晖映照在袅袅炊烟中的场景，一定是壮美而温馨的。孤岛的静寂会隐没在阳光和笑声里。我会有在渔民家好好盘桓一阵的冲动。

然而，人总是先要追求生活的富足和舒适。守着大海的辽阔、雄壮和美丽，除了眼福，生活却简陋、拖沓。如果来这里看落日的人，不能给他们带来收入，谁还愿意守在岛上，与孤独做伴？

我痴想，等那些渔民足够富有，当这个岛上有了商店、小学、卫生所和生活中更多的设施，他们会想到这个孤岛上种种的好：清新、安静，有卵石海滩，有现捞的海鲜可吃。那时，他们的后代，眼睛里也有了新的意愿，会看到落日别样的精彩。于是，他们还会回来。而且，这里还有一个可以避风的码头，这对渔民来说，生死攸关。

如果那时再来，我会索性在小岛住下，看夕阳的辉煌如何柔情地撒落在这个孤单的岛上，与人们的生活相融在一起：老人在屋前，面对泛光的大海举起酒杯；孩子在母亲的叫唤声中，向着海滩撒跑……

大自然与人类平静、快乐地相守，本该不是一幅上天也愿意看到的场景么？

现在，我们只想在夜幕降临前，落荒而逃……

海浪与树

博鳌海边,我坐在岸上的一家露天酒吧看海。

酒吧的桌与椅,都是用离海已久的渔船的木板做成。用作长桌的船板,有近半尺厚,沉拙呆实,裂缝曲折逶迤,铁钉深深地扎进裂缝两侧。这些曾经是大树的年轮里,镌刻下了一条船与大海搏斗的印迹。坐在这样的桌前,看到右边不远处有满身伤痕、帆桅折半的渔船作为大门的装饰,你真会对着这酒吧店名"海的故事"走神:海的故事,其实是人与海之间的故事,是人在海的波涛中搏斗的故事。

已近黄昏,大海呈现出浅浅的灰色,排浪阵阵涌向沙滩,泛着白色的泡沫。游人已渐稀少。这时,看到一对母子向海边走去。十一二岁的儿子,手里拿着比他高一截的小树,枝繁叶茂,母亲手里拿着相机。空空的沙滩上,这一对走向海边的母子,特别引人注目。我的座位,正在他们近旁。

离海水不远处,孩子蹲下身子,一手握住树,一手在沙滩上挖起了坑。没多时,一个排浪涌来,坑就被填平了。浪退后,孩子继续挖,挖的速度加快了。可是,一个浪头,又把坑填平了。母亲微笑着,看孩子玩,相机一直对着孩子。

这时,孩子往岸边退了几步,把小树放倒在身边,用双手挖起了坑。见坑足够深了,他把树种了上去。"妈妈,快看!"刚喊出声,一个大浪涌了上来,小树倒了下去。浪退后,坑只留下了浅浅的痕迹。

"孩子,没事,再把坑挖深点,树就能站住了!"母亲见儿子盯着坑看,有点蔫,大声鼓动起来。但仍然没有上前帮他,还是拿着相机左看右瞧,变换着位置。

小男孩的膝盖抵在了沙滩上,双手更加用劲,挖的速度更加快了。幸好,没有大的排浪滚来。他见小坑有了半胳膊深,快速将小树插了进去,用脚把沙子推向坑,再使劲在坑口狠踩了几下。"妈妈,你看,种牢了!"他一手握住小树,另一只手向母亲高高举起,像个胜利者。

母亲的脸上满是笑容,举着相机,从不同的方向,摁了无数次。"好儿子,真帅!"

这注定是一棵无法种牢,更无法存活的小树。孩子是在面对海浪的植树中得到快乐,而母亲却让孩子在快乐中感受坚韧,在海浪前体验胜利。我想,她把儿子在海浪前胜利的姿态定格在相机里,是为了将儿子在海浪前植树的勇敢和不言退却的神情,做成一幅励志的画面,说不定哪天,这个画面会鼓励儿子去坚强地面对生活。

在母亲眼中,儿子一遍又一遍地种树,让她看到儿子玩耍中的不屈。在我的眼中,这对母子的互动,更是一幅充满爱和智慧的母子教化图,它在大海波涛翻滚的背景中凸显出来,让我印象深刻。

风大了起来,天色开始暗了,母亲牵着儿子攀登上岸的梯子。

"明天我们再来,看看树站牢没有。"儿子说。

"不管站不站牢,今天种好站住了,就是胜利!"母亲回应。

他们高兴地在梯子上攀爬，自然看到那些用作装饰的木船。但是，那些用作渔船的百年大树，是只能生长在深山老林里的，历经风浪侵蚀，坚硬的质地犹存。母亲跟在儿子身后，一脸快乐。

酒吧里的人开始多了起来，有中外青年，也有新潮长者。他们是被海的波涛吸引，也是被海的故事吸引，来到这破旧的船帆门内，去观赏人与海相处留下的痕迹。然后，呆呆地面向浩瀚的大海。我也看到了一些人怅惘的眼神。其实，生活总会有无数的谜团，也会有无数的答案。

看海，身可闲散，思可飞扬，那一片蔚蓝色的海洋，便有了无穷的魅力……

凄美的终结

从丽江到泸沽湖要翻越五座大山。泸沽湖的传说，就是因为它被深山环抱的遥远而产生的。

七个小时的颠簸山路，悬崖之处也不见栏障，有很长一段路面还是由圆石铺成，汽车弹跳着前行，只是对泸沽湖有着急切的期待，才让每个人如探险一般地兴奋着。

汽车到达湖边的山坡上，往下看见泸沽湖的一瞬间，每个人都惊呆了——这是凡人闯入了天国之湖呵！在大山层层叠叠的绿色之中，蔚蓝的湖面宁静得让人忘记这是一泓湖水，它的清丽散发着神秘，它的沉寂和柔美，又让人感受着孤独和高贵。这时，一位当地的女孩说，有人把泸沽湖，看成是地球上一滴凄美的泪珠。

真是一个有着圣洁而哀婉的神灵般的比喻。泸沽湖的沉静和凄清，能让人产生震撼心灵的崇高和神圣。年轻的恋人们情不自禁地相拥了，在弥漫着诗意的湖边体验幸福；刚才还快乐着的长者却沉默不语，他大概是惊叹于大自然的鬼斧神工。每个人都不愿离去，久久地对着湖面发呆。有人夸张：现在，我真有跳入湖里去的冲动。他大概完全忘了，我们是站在离湖面有几百米之高的山上。

泸沽湖的山水孕育了摩梭人。泸沽湖的传说，都是与摩梭人的生活相关的。比如那里至今保留着的母系社会的习俗，男不娶妻，女不嫁人，以"走婚"形式维持婚姻关系。仅有的四万多摩梭人，有一万多人居住在泸沽湖畔。有人便说，他们的生活该是简约而原始的，不然，泸沽湖如何能保持它的静寂与凄美？每个人都想进入摩梭人的家中去探个究竟。一场"家访"迎合了大家的愿望。

进入暗而局促的小屋，围坐在火塘边。灶头上有粗糙的炊具，角落里有横躺的猪膘，穿着艳丽摩梭人服装的"女儿"，在简陋的小屋特别触目。她们介绍摩梭人的家庭生活、"走婚"趣闻。原来"走婚"并不是传说中男女可以乱伦，它是男女定情后一种婚姻生活的形式，相爱的男人到女方家中过夜，白天则回自己家生活，生下孩子由女方抚养。因为没有结婚契约的约束，如感情破裂，可以各自另找异性，重新开始"走婚"。但如果男女在"走婚"期间另寻异性出轨，会遭村族人共同谴责。摩梭人说，这是以感情为基础的自由婚姻，不受物质的影响。这种坚守，会受到现代社会生活的压力吗？

"女儿"介绍完家庭生活后，我们被带入另一个房间。这时进来十来位少女，坐到每位客人身边，要喝交杯酒。正在疑惑之间，她们又要让客人背着去跨一个象征物，一边说着"走婚"故事挑逗客人。每个客人都感到惊讶了。这时，只听得外面有人在大声提示，要赶路回去，才中止了活动的继续。那些"女儿"们瞬时齐刷刷站在院子中去，高声向我们要钱。

原来，这些少女并不是这户家庭的女儿，都是外来妹，到这里参与"家访"赚钱。终于明白，这是一个商业化了的"家访"活动，它让人误读了摩梭人的生活常态。一个保持着原始生活形态的民族群落，一经走向社会，迎合世俗的速度竟然可以如此之快。

不知道是应该诅咒商业化,还是质怪摩梭人的"觉醒";也不知道这些少女们的商业性"演出",长此下去会否玷污泸沽湖的人文环境。只觉得,每个人在泸沽湖边的山坡上,那一脸的静穆之态消退了许多。走出摩梭人家院子的脚步是匆忙而慌乱的。

我们几乎不敢再回到泸沽湖,我们怕再面对泸沽湖时,那蔚蓝色的圣洁意念被打碎。我想,泸沽湖凄美的寂静,是与依水而居的摩梭人纯朴的生活难以分离的。人类生活方式和社会形态的演变,总是在诋毁大自然的独特品格?

其实,泸沽湖那原始的凄美之态是不会终结的,只是心中对泸沽湖那种圣洁的意象,因为它的绝伦之美容不得丝毫亵渎,而无奈地淡却了。

第二天,汽车又从泸沽湖畔的山坡上经过,只见泸沽湖笼罩在了一片浓浓的大雾之中……

须弥山的孩子

须弥山有我国的第七大石窟,但是它仍然鲜为人知,默默矗立在宁夏南部的荒沙黄土之中。

多年前,我去过须弥山,是去观赏山里的千年石佛造像。而现在,让我想起须弥山的,却是那里的孩子。

那天,初秋的风在山上冷冷地吹过。突然,在通往石窟的山间小道上,有四个孩子跟在了我们后面。他们是从哪里冒出来的?环顾四周,一片荒山,只见黄土,不见屋舍。这里,是闻名于世的宁夏"西海固"地区边缘,雨水稀缺,上世纪"大跃进"时期曾大肆砍伐山林,导致水土流失,沙石黄泥遍野,这些孩子是住在哪里的?

年龄稍大的女孩十一二岁,手中端着的盘子里有一串串果核缀成的项链,比她小的男孩子则把项链拎在手里。他们走得气喘吁吁,却不说话。在景点,碰到这种兜售工艺品的,有时并不令人愉快。孩子手里的这些链子,粗糙又少了古朴,简陋还缺乏野趣,与工艺品相去甚远。有同行朋友问:为什么老跟着我们?女孩说:这是我们自己做的,卖了,好交学费。

朋友起了疑问:都过了开学时间,学费早交过了!

女孩说:我家孩子多,我妈生了五个女孩,最后生了我弟。她指了指身后一个小男孩。

又有一个男孩说：我家里也最小，我有三个姐姐。

我们面面相觑，满脸愕然。这样一个被联合国称为不适宜人居住的地方，如此恶劣的生存状况，不怕多产，还一定要生个男孩，是因为有了男孩就可以抵御贫困？

没人有答案，却人人产生了同情。

下山的时候，孩子们仍然紧盯着我们，他们不说话，这些孩子还没学会推销商品，只是脚步不离我们三尺远。

到了出口处，同行朋友中有人提议，我们买它几串链子吧，大家每人一串，帮一下这些孩子，也存个念想。大伙都说好，于是，派个代表跟领头的女孩说。

女孩一听，高兴了，第一次露了笑脸，说：谢叔了。回头就指着那个有三个姐的男孩说：小宝，你卖给叔吧，你妈还病着呢。小宝脆声应着：哎！不知链子够不。大女孩说：不够，我给你先凑着。

我们从小宝手里拿了项链，挂在了脖子上，硬硬的果核，有点凉凉的。同行者说：小宝，得谢谢她！你也叫她姐吧？小宝咧着嘴，有点害羞：是嘞。

我看着那大女孩，心里很是感动。山里的孩子，尽管自己穷着，却还想着更困难的，这种纯朴和仗义，让人想到，在秃山荒岭间，仍然有着人的温情，孩子们清澈的心灵如金子般闪光。几十元钱，对他们，不是一个小数啊。

我想把袋里还有的 100 元送给这个大女孩。正在这时，有同行者在商店门口唤我：袋里还有钱吗？看上一件东西了，我钱包放车上了。我随即把百元纸币递给了他。

　　这时，天飘起了雨丝。对这里的人们来说，这是上天的生命恩泽。孩子们没有一个回屋避雨的，他们站在我们车前，无语。我知道，他们是为了在汽车开动时，可以和我们挥手告别。

　　我后悔把钱递给了同行者。内心的一次善意表达由此窒息了。我的内疚怕会永远留在了这荒山沙地之间。

　　从雨中看远处山崖前的千年大佛，面目已不清晰了，但充满慈悲的笑脸，仍然给人带来宽慰。这淅淅沥沥的雨滴和畅怀微笑的大佛，能给这片山地和孩子们带来希望。我庆幸自己和孩子们共同淋到了这场雨，这生命的甘露。也因为这场雨，我似乎有了为他们祈祷的理由。

　　现在，这几个孩子都该到了读高中、大学的年龄。他们上学的钱够了吗？四个孩子中，还有谁记得，曾经在山上买了他们果核项链的那几位叔叔？

走近中台禅寺

台湾中台山的环抱中,有一座中台禅寺。

沿着山道前行,抬头便见到一座巍峨的现代大厦,无论如何难以认定这是寺院的屋宇。只是大厦两侧高耸的圆柱和楼顶金色圆球裹于莲花叶中的造型,展示出大厦的佛教品格。

没有烛香的轻烟缭绕,也没有商铺的吆喝聒噪,走在洁净的空气里,走在安然的寂静中,心已经平安。很深的大殿里坐满了信徒。一位白净、戴着眼镜的女僧出来告诉我们,正在做着道场,不能参观大殿了。大概是为了表达歉意,另有女僧在向游客分发玫瑰花。每人拿着一枝玫瑰,古树成荫的寺院里被点缀着粉红的活力。

算起来,我也已经到过几十处佛教寺院,中台禅寺的与众不同,是一种叛逆,还是真正回到了佛教教理的本义?甬道边,有好几位僧人在与信徒私语,看她们的表情,有倾诉,也有指引和化解,双方都极为认真而虔诚。我坐在了一处树荫下,静一静,想回答一下自己提出的问号。

佛教以断除烦恼得到心的平安为布道目的,可见其教理是关注人的内心的。所有形式都与佛教发展过程中所处的时代特征有关。一座寺院的发展与其如何演化教理、深入信众内心有密切关系。中台禅寺的开创者惟觉大和尚,出家后,曾关门潜修十余年,深悟佛教教理精髓，提出过系统的禅寺修性理念，他的"以恭敬心降伏骄慢，以慈悲心对治瞋恚，以忍辱心化解粗暴，以真诚心去除虚伪"的准则，不仅使信徒有了修行方向，也在社会中引起广泛反响，让焦虑中的现代人能走向平静。

众弟子都愿皈依惟觉大和尚门下。为了能容纳众僧，1992年筹建中台禅寺，经三年规划、七年建设，一座突破传统佛教建筑格局的现代禅寺呈现于世人，顿时引起社会惊讶。惟觉大和尚提出的以"学术化、教育化、艺术化、科学化、生活化"来推广佛法，在这里，便使佛教具有了现代意义。面向内心的传佛方式，也会使佛教的教化作用，更具有提升心灵层级的功能。

中国人对于佛教寺院的记忆，总是有神的虚幻和迷信的茫然，而佛教教理中对于人心的关切却被淡化了，这其实是真正背离佛教本义的。当金钱至上的风潮弥漫的时候，无数的民众到寺院去乞求神灵保佑发财。那些举着香火到寺院去磕头的人，没有谁想到要求得心的安宁，要放弃心的累赘。至于那些利用宗教发财的人，更是出演一幕幕寺院闹剧。他们败坏宗教的神圣，破坏了人们可以净心修行的一处处圣地。

中台禅寺提出要"点亮心光"，要让众生"为学日益，为道日损"，就是要让现代人学有所长，心则愈净。这与烧香点烛无关，更与设铺卖货拢钱绝缘。行走在这样的寺院里，我们的敬意由心而生，并且萌生着与之心魂相通的亲切。当人们心存疲惫的时候，可以到这里静修，这里是心灵的修复地、静养所。我从寺院粗壮的古树旁抬头仰望，禅寺的金顶高耸于蓝天白云之间，在阳光的照耀下闪闪发亮。

杭州的灵隐寺与中台禅寺已结为同源寺,有一铜制小桥赠予中台禅寺,现已被架设于寺院前的水池之上,取名"同源桥"。这是两座寺院的联结,也是大陆和台湾两地宗教的联结。这样的贯通,让人眼界开阔,善心得以铺展。

第六辑

小镇心情

我曾去过的瑞典小镇，现在回想起来，首先跳出记忆的词是：安宁。不仅是因为小镇的街上人少、街面整洁，也不仅是因为汽车不鸣喇叭、悠远的教堂钟声传出的沉寂，而是小镇上人的神情、语言、举止，流露着安然、宁静的气韵，使安宁随着人流在街市弥漫。于是，小镇的平和、静寂便无处不在了。

我们进入这个小镇，正近黄昏。汽车刚驶入酒店的后院，听到悠缓的乐声传来。从车窗看去，有近百位老人，坐在院子里，围着几位乐手，听他们演奏。大巴静静地在他们身后经过，没有人动一动身子，只有一位老太太把椅子往前移动了一下，她转身时，我看到是一位脸上布满皱纹、戴着眼镜的老人，也看清了她沉湎于音乐的那种安逸的神情。据说这是小镇周末的音乐会。它的音乐声响，在我听来，是觉得周围变得更为安静了。我不禁想，当音乐会结束，这些从音乐的氛围中走出的老人，行走于街巷时，一定是快乐而沉静的，他们有的夫妇相拥，有的以邻相携，把心灵对音乐的感知，把受到安抚的心的宁静，延伸到了小镇的街巷里，一直带入自己的家中。

第二天早上，我们在酒店门口拍照。这是一幢古建筑，巨大的石块墙面，狭窄的酒店进门，展现着欧洲风情。我正要给一位伙伴摁下快门,有位瑞典姑娘走近了,浅浅微笑着跟我做摁快门的动作,还说着我听不懂的话。我揣摩她的意思是说,你们如果要合影,我给你们拍。我瞬感一阵暖意,笑着跟她摇手,说,谢谢!不知她有否听懂中国话,但是,摇手的意思她一定懂了。她没有再回话,点一下头,转身,走了。她的笑容几近于无,也没见她想做好事的夸张神情。平静地走近,又平静地离开,连想帮助我们的询问都是平静的,没有对我们这些外国人在酒店门口的留影活动产生些微的干扰。可能正是上班时间,她身着牛仔裤,脚步快速,等我一回头,已经在街角转弯处不见了。

到了小镇的一处古迹参观,高墙古堡,树木森森。我们在古城墙下留影,又有一位瑞典中年妇女过来问,要否帮助照相,也是安静地走近,安静地离去。这让我思忖,帮助人,是他们渗入心底的道德观,已经成了瑞典人生活的一部分,因此,不必做得那么气昂,也不必表达得过分谦恭,日常的生活姿态,便平静而安然了。

离开小镇前一天晚上,约了三人走进了小河边的酒吧。明月高悬,月光下,能见到镇上那座教堂黑色的尖顶直刺夜空。临河的窗外,挂着褪了色的瑞典国旗。酒吧只有四五张桌子,都空着。我们入座时,少妇模样的老板娘微笑着走近,用英语问我们,是韩国人吗?这里只供应啤酒。同行中有人懂英文,听出她的言语温和,声调平静。我们看她的表情,没有见到客人进店的惊喜,更没有拉客的狂热神态。同伴说,她没有推销哪款啤酒的诱惑言词。跟着她的一只高大干净的淡黄色的狗,用一对善良的眼睛看着我们,不见一丝凶光。啤酒端上后,少妇便坐在柜台后,看一本厚厚的书。小小的酒吧,就我们四位顾客,她没有再和我们说话。

看着窗外缓缓流淌的河水，一位同伴说，这个安静的小镇，连人都是平和安静的，没见到一个焦躁、急忙的人。另一位附和，不知道这是文化的熏陶，还是道德、宗教、社会制度的影响，或者是由于富裕？没人应答。

我想说，人要是从内心确立了文明的价值观和从善的道德理念，他的心真会沉静，小镇便透彻地安宁了。而要达到这样的沉静，会多么难。但是，我没说出来。

门外，正走来一位瘦高、俊朗的瑞典大男孩，他的眼睛闪着清澈而快乐的光。

苹果掉在草地上的感觉,真好

已经有好几年了。那天,我们入住瑞典的一家乡村酒店。

八月午后的北欧乡野,一片斑斓。乡村酒店是一幢灰色的三层别墅,背靠着树林。我们的大巴车停下时,穿着白色连衣裙的一位六十开外的妇女,从酒店走出来,微笑着迎接我们,秀琅架眼镜里透出的目光,真诚而矜持。看模样,她是酒店的主人,向我们优雅地做出迎客进屋的手势。

放好行李,大家都下楼四处散开了。有迫不及待钻进树林里去的,有立马跳进小游泳池的,有在院子的一个小屋里发现可洗桑拿后,快乐叫喊的。大巴车胖胖的司机,拿着鱼竿和网兜,乐呵呵地到河边钓鱼去了。我坐在院子太阳伞下发呆。没多久,见到一位中年妇女笑盈盈地驾车停在院子中,下车后,年老的酒店主人迎上前去,与她相拥接吻。快乐轻松的神情感染着我们。导游说,那是母女俩,女儿为了准备我们的晚餐,刚采购回来。

已是晚上七点,黄昏迟迟未临,大家都集中到了院子,等待主人招呼开饭。这时,胖司机晃悠着回来了,手里的网兜仍是空的。导游逗他:又是一无所获?他说,又钓的小鱼,放生了。脸上仍是满足的快乐。导游告诉我们,这里有法律,太小的鱼钓回家,要罚款。他们钓鱼,就是为了寻找乐趣。

餐厅在一楼,角落有一架钢琴。两排长条桌上铺了雪白的台布,银色的刀叉整齐摆放在长桌两边,长长的白蜡烛已经点燃。我们坐定,琴声便响了起来,弹奏的是女儿。这时,有人拿出国内带来的茅台酒,想打开。突然,老妇人出现在餐厅,表情变得很严肃,动作十分干练:这里不能喝白酒,供应的啤酒可畅饮。她指了指旁边小桌上摆满的散装啤酒杯。她规劝时的严厉眼神,让人猜测,是不是因为曾经有喝白酒的醉汉,搅乱了这里的气氛。

如同一场家庭的朋友派对,老主人母亲般的劝阻,烛光下的男人都乖了。琴声在餐厅飘荡,啤酒的碰杯声也轻了不少。

第二天中午前,我们要离开这里。上午,大家又游走开去。我们走到了不远处的河边,宽泛的河水湍急而去,水清得呈暗黑,对岸的森林浓密而静穆,在逆光下,呈现出一片墨绿色。大家议论起司机的垂钓技术,这并不窄浅的河水里,怎么会没钓到大鱼呢?大概无论大小的鱼都放归河里了。垂钓,对他,只是娱乐而已。

闲走于岸边的农舍之间,咖啡色的木屋前点缀得五彩缤纷。屋前都种有苹果树,有几户农家的草坪上散落着成熟的苹果,厚浓的绿草,红黄的苹果,很是好看。站在农舍前,一种富足、安宁、温馨的居家气息迎面而来。同行的一位中年妇女脱口而出:苹果掉在草地上的感觉,真好。她面对着那棵苹果树,像是自言自语。这没有抑制的自语,却是心底的独白。

这是一位知识女性,也可能是位女领导,沉静而斯文,不大见她情见于色。这样一种感觉的流露,该是一天来乡村酒店的感受,使她在苹果散落草地的画面前,有了一次自然的释放。

真想走进这户人家的庭院,可是,微笑着的女主人,并没有打开她院子的栅栏门。

瓦豪河谷里的那座村庄

多瑙河流经奥地利后,最美的就是瓦豪河谷。

从船上看去,连绵的山坡,遍栽着葡萄树,山顶上有中世纪的古堡,河岸边矗立着宏大的教堂,童话般彩色的木屋,星星点点,在浓郁的绿色中,只露出尖顶。

走在村里葡萄园的小路上,身边一米多高的葡萄树,齐齐地排到远处的山脚下,每排葡萄树前,栽了一棵小巧的玫瑰树,此时,花落缤纷,残瓣依枝。硕圆的浅绿葡萄果垂挂在枝叶间,引人抚摘。同行中有善酒者说,景色虽美,但这里是奥地利最重要的白葡萄酒产区,应该品一品这里的酒啊!甘愿醉在这葡萄树的绿荫下!话音一落,应和者众。

当地人领我们去了酒窖。

其实就是一个山洞,狭窄深长,昏蒙暗黑。凹凸的洞壁,凿有密密的小洞,插入了瓶装葡萄酒,恍若是密麻排列的手榴弹。迷乱的灯光下,二十来个人坐在长条桌的两侧,像一批潜入大山的"黑客"在这里聚会。只是有酒香弥散。

每个人面前放了一个茶杯、一个高脚葡萄酒杯。一袭黑裙、面色苍白的奥地利老妇给我们斟酒,她的高冷,像个老派的宫廷侍女,走近时,清寒的酒窖有了古典意味。前后倒了三次酒,一红二白,第三杯,清洌醇厚,每个人在暗黑中拿起高脚杯仰头的那一瞬,都陶然。这样的酒,犹如葡萄果子的琼浆玉液,该握着酒杯,散漫着去阳光下的葡萄园畅饮。我看着洞口的光亮,想开去的是,酒的作坊在哪里?那一片山坳,都被葡萄树覆盖,田园的静寂,不允有作坊屋宇和劳工吆喝的闯入?那位善酒者,正躲在洞底边的暗处,置身于酒的包围中,眼睛闪亮,一派舒适。

村庄,离酒窖不远。屋前院落,葡萄架下,老人闲坐,神情安详,桌上的一杯白葡萄酒静默,像一个道具。走进这样的安宁里,得微语轻步。屋角边,一位身材颀长、衣着陈旧、额宽鼻挺的中年男人,洒脱地站在并不鼓肚的橡木酒桶旁,一手插入裤袋,一手握着酒杯,面目严谨,双眉紧锁,像一个尚未走出困境的哲学家,在隐隐传来的教堂钟声中,思考着高深的学理,忧郁的眼光让旁观者一瞬侧目。

在村子里用餐,排场依然考究,高脚杯、白餐巾、整套的刀叉,你得正襟危坐,装作斯文。可是,菜上桌后,却让你端庄的架势散了。一碗汤,西红柿加土豆,漂着几片菜叶,叶已烂熟,汤汁不浓不淡;一片大于手掌的牛肉,有半寸之厚,肉质老而无味;一道被称作"饺子"的点心,是裹着零杂蔬菜和肉末的米粉圆球,近网球大小。不知"饺子"之说从何而来?

一桌人吃着最后上的冰淇淋,调侃起了小村菜点的粗简:这里是奥地利的"农家乐"!再吃一餐就乐不起来了!七嘴八舌,东答西应,转头扭腰,脸上的笑,有了一丝隐隐的讥讽,全然没有了入座时对乡村西餐好奇中的礼数。那只"饺子",好几个人都没有吃完。

这时,有手风琴的乐声传来,引出了一段苍老的歌声。循声回头,在狭长的餐厅中央,一位满头白发的长者,拉着陈旧的手风琴,仰着头,半眯着眼,沉迷地演唱。餐厅瞬间安静。他的歌声,沉缓又有点感伤,像从山边,掠过葡萄园飘逸而来,有着一个村民辛劳的沧桑和生活的感怀。

是朴素的劳动者的心声,源出于这个淳朴的小村,也源出于这个广袤的、无际的葡萄园。我倏然浮想,餐桌上厚实的牛肉、粗圆的饺子、烂熟的素汤,正保持着农家的本真,与这歌声一起,融合在河谷小村日常生活的场景和气氛里了。这位老人,朴实得像一位农夫。他的演唱自有一番生命的深沉,这沉郁的旋律,让我行走中所见到的图景被瞬间组合起来,铺展成一幅乡村世俗画卷,小村的生活里流动起了寂静和古旧的气息。

歌声停息的时候,餐桌上无人言语。对菜品的调侃,显示出的是调侃者一厢情愿的评判,这是单一的、就菜论菜的物质思考,完全没有弄明白,瓦豪河谷中的小村,想呈现给你的整体感受是什么。

斜阳的余晖铺洒在蜿蜒无边的葡萄树上,散落于葡萄园的屋顶被抹上了一层柔暖的亮色。这时,村庄慵懒了。村口,却有一位中年男人,圆脸、凸肚,满脸灿烂,吹着黑管,穿一套色彩鲜丽的服装,身体随节拍大幅度地摇摆,高帽上插着的那支长长的羽毛,轻飘抖动。在这恬静安然的农庄里,他如入伊甸园般的舒展和快活。

船继续在瓦豪河谷行游,目光投向两岸的风光时,眼中不仅仅是草木起伏、冈陵绿影和藏于其间的古老建筑了,我长久地注视着山谷中偶尔出现的一个个村庄,直至它慢慢离开船尾,远去。这时,心有漫想,便靠着船栏,与人议论:瓦豪河谷被纳入世界文化遗产,不仅是因为犹如诗画的美景,更因为,在河谷村庄的世俗生活里,有着古朴、淳厚的乡土气息与遥远的教堂钟声。

我的脑海里,久久不忘的是,暗黑的酒窖、古远的歌声和沉思中的男人的目光。这样的画面,不忍飘散,是想告诉我,在历史进程的漫长路途中,这是一座没有走失的村庄⋯⋯

用诗写留言的女孩

从山上看普蕾雅号游轮,才发现,它白色的身姿是瘦瘦的、长长的。此时,正优雅、闲适地静卧在多瑙河畔。

坐在宽敞通透的观景房,听着音乐,看两岸的风景,一点都没觉得船的促狭。有几次回房间,遇见保洁女孩的推车占了大半通道,才觉得终究是一艘行游于河上的船,窄了。但是,这位保洁女孩会表达歉意,面带微笑,挺真诚的样子。其实,船体的宽窄与否,和她无关。

这条多瑙河上的游船,专门接待中国游客,属于欧洲一家游船公司,可容纳一百五六十位客人。船上除了船长和水手是奥地利男人,其他的服务员,都是来自中国大陆的男女青年。十几天的航程中,这位清理房间、打扫厕所的保洁女孩,时时展露出她单纯而阳光的笑容,在其他酒店里,很少见到。几次向我们问好后,妻子便对她颇有好感,见到她,就会招呼:辛苦了!

游轮在斯洛伐克首都布拉迪斯拉发停靠后,船上几乎所有的客人,都去了布拉迪斯拉发城堡。已近千年的城堡矗立于一片起伏的丘陵之上,橙色的屋顶下,是通体洁白的外墙,秋阳普照,圣洁而温暖。一大片缓坡的草坪围绕着城堡。

是草地青翠的绿色和那高而无比宽大的白墙,引发了一位同行女士的奇思。她走上前去,身体靠着白墙,右脚踩着草地,左腿略为弓起,张开双臂,脸仰太阳,修长的体形,裹着蓝与白的衣裤,我突然感觉,出现了一个画面!瞬间,把这一画面定格在了手机上。

照片上,那大片白,犹如苍穹,绿草地像在地球之巅,人在苍穹之下显得弱小,似乎在向上苍呼唤,或者在向宇宙表达人间的欢愉。我一时兴起,把这张照片,冠以"自然之子",发送到朋友圈。立刻引来了围观,有说哲理摄影的,有说与上帝对话的,有说不愿受赤橙蓝绿诱惑的。我有点小小的得意。

回到舱房,见保洁女孩在打扫洗手间,便向同伴在走廊上"显摆"这张照片。"地球""苍穹""自然之子"的字句,在我嘴里不断蹦出。保洁女孩问妻子,叔叔是搞什么工作的?怎么讲得这么好啊?妻子给她看了这张照片,她说,拍得真漂亮!自然之子,喜欢这样说。

后来,妻子告诉我,这孩子是青岛人,大专生,经过考试后到船上工作,有一次她蹲着擦地,见到我了,抬头就是笑脸。

两天后,我们从岸上回来,发现桌上一张船用便笺写着这样的留言:

我们说长生不老地久天长,
我们说青山不老白雪为头,
我不知道青山何时所始、何时所终,
但并不耽误青山在我心目中的美。

小冯在瓦豪河谷的小随笔

这是一首小诗。此时，游船正航行在奥地利境内被列入世界文化遗产的瓦豪河谷。小冯是谁？我问妻子，妻子说，会不会就是那个保洁女孩吧。我去总台一问，果然是她。

　　一个天天收拾客房脏乱的保洁女孩，还与游客有诗感交流的心思，是这美丽的瓦豪河谷引发了她的诗情？如此，她一定是个敏感而有文化向往的女孩。

　　有一天傍晚，见她在船舷边，与几位服务员迎接我们回船，一边说着"欢迎回家"，一边递给我们饮料。我赶紧走上前向她说，谢谢你给我们的留言，你那几句诗写得真好！她腼腆一笑，没有言语。

　　我把女孩的留言拿给旅伴们看，说，一张照片引出了一首小诗，给我们的旅行增添了文化气息。众说纷起：这女孩看着也就二十来岁，活还做得真干净；那天让她送一块肥皂，几分钟就给送来了；这是个小文化人，想与你作文化交流呢。

　　几天后，正好有半天时间在船上休息。女孩过来打扫房间，我便笑着问她，小冯，你怎么想到要给我们写下这样的留言呢？

　　她迟疑了一下，有点吞吐地说，船开在多瑙河上，我天天看着两岸漂亮的景色，又想想我做的是这样的工作，有时，心里会有点难受，就写下了这么几句。

　　这几句留言，哪里能看出她心里的难受？是曲意表达，还是意犹未尽？女孩的心思，总有不可名状的隐秘。

　　妻子赶紧说，大家都夸你工作好，都喜欢你呢！

　　她眉宇之间有了些舒展。

　　我立即接上，每个人的成长路径会不一样的，你正年轻，又有文化,以后会有无数的机会。阿姨给你看过那幅照片,其实,我们每个人都是大自然的孩子,只要我们不愧对上天、大地,就要开开心心过好每一天。

她点点头,认真地说,是的,叔叔,谢谢您!

我们合个影吧,纪念我们相识,也感谢你给我们的留言。

房间外的阳台上洒满阳光。女孩穿着黑色工作服,手戴蓝色的橡皮手套,眼睛看着多瑙河对岸遥远的地方,在阳光下,显得明朗又有几分娇媚。妻子看着照片自言自语,一个挺端庄的山东姑娘。

离开房间时,我对她说,你看多瑙河上的太阳,每天都是新的。她回眸一笑。

船至维也纳,停留了两天。去市中心听了一场音乐会后,整个旅程就结束了。两天里,我们上船下船,直至最后离船,再也没有见到过小冯,这位给我们留下了诗句的保洁女孩。

八月，寻找多瑙河之蓝

知道多瑙河，好像是从那首《蓝色的多瑙河》开始的。它留给我的想象，是遥远的河面上，那一片蓝色的宁静。

八月里，在布达佩斯郊外登上普蕾雅号游轮以后发现，这一百多位游客中，有很多人都是被多瑙河之蓝诱引而来的。

甲板上，同行的"蓝粉"们站立栏杆边，眼睛看着清绿色的河水，互相疑问，这水也不蓝啊？

河边的景色犹如童话，灰色的古堡、凝重的教堂、精致的五彩木屋，都被绿荫环绕。很想让船在这里靠岸，去树丛后的草坪上奔跑。

有人在天蒙蒙亮时去拍河流的水色。只见视频中是一片浅灰的静谧，多瑙河平缓地流淌在两岸的森林中，诗意朦胧，却没有一丝蓝色波光。也有人寄希望于夕照光耀的神奇，可拍出的照片，那河面上闪烁的夕阳红，跳跃的金光，和所有的河面并无二致，没有一丁点儿蓝光的变奏。

"蓝迷"们的目光终于收回了。

游轮途经欧洲五国，会停靠维也纳、布拉迪斯拉发和几座古老的小城镇。沿着这一段河道航行，有多瑙河最美丽的景观。有人抛出话题，施特劳斯写多瑙河的水之蓝，眼睛一定不会在水中纠缠，总该与两岸的风光、人们的生活有关联吧？有点锲而不舍的追问，却为"蓝迷"们找到了新的寻蓝路径。

走入萨尔茨堡时，我们在萨尔茨河的桥上停留良久。河水异常清澈，水流平静而舒缓，这是想象中的一座音乐之城该有的河流，如午后的慢板，悄然地流向多瑙河。卡拉扬的故居在桥的右边。透过铁栅栏，卡拉扬举起指挥棒的全身雕像，神采飞扬。我却想起他临终前，头枕妻子的手臂轻轻说：我听到上帝在召唤我的名字……在萨尔茨河畔让上帝召唤而去，不知卡拉扬有否看到，施特劳斯正向他展露出诚挚的微笑。

穿过桥，进了老城。街旁，有乐迷拉着小提琴，也有几个男人忘情地合奏着一首忧伤的曲子。音乐之声把我们引入了粮食胡同，那里有莫扎特故居。这位神童在这里出生，在这里创作出歌剧《费加罗的婚礼》。他用过的小提琴仍然挂在架子上，我们看到了他的手稿，还有一绺灰白的头发。当年，施特劳斯也一定从桥上走过，去莫扎特居住过的那座黄色小楼瞻仰他的前辈。他在桥上站定时，看远方的阿尔卑斯山，看萨尔茨河缓缓地流动，不知会跳跃出什么音符，融入他的蓝色多瑙河。

捷克与斯洛伐克分为两个国家后，布拉迪斯拉发成了斯洛伐克的首都。这座只有四十多万人口的小城就在多瑙河边。保存了中世纪原貌的老城，因教堂、城堡而显古意，因街市熙攘展现出生活的欢欣。大街小巷中的各种平民雕塑，活泼、诙谐、夸张，让人想象这座城市里百姓的生活情趣。

小街中央，两个十来岁的小姐弟，挂着相机打闹跳跃，看着他们胖嘟嘟红扑扑的脸，我上前逗他们，姐弟俩立马就给我表现出勾肩搭背的亲密；那对坐在长椅上英俊妩媚的恋人，也对着小姐弟微笑。有人悄悄地把手机对着他们时，女的扑闪着大眼睛，不知为什么大笑着靠在男的肩膀上，几乎要滑入男伴的怀里。笑容里散发出的单纯和阳光感染了我们。我的联想穿越了时空：施特劳斯曾来过这里采风吗？

多瑙河，流经山谷中一座座幽深而传统的村落。走在村庄的小路上，路边满山坡的葡萄树，正结出圆硕的果子。垂挂着紫葡萄的白色小楼前，三个穿着衬衣的高个男青年，拿着装了红葡萄酒的高脚杯，高谈阔论。远处的山脚下，尖顶的教堂里传来隐隐的钟声。奥地利最大的物产是它天然的风景。其实，这风景不仅是平面的画卷，它还有着人们世俗生活的立体和生动。

在维也纳的最后一晚，交响乐团为我们演奏起了《蓝色的多瑙河》。音乐学院的礼堂，舞台不宽敞，却请了芭蕾舞演员伴舞。寻找多瑙河之蓝一路而来，现在沉入在这首圆舞曲迷幻般的音乐和舞蹈里，多瑙河两岸的色彩和画面弥漫起了诗意。

施特劳斯的《蓝色的多瑙河》创作于维也纳。维也纳也尊崇着施特劳斯。在城市公园内施特劳斯的金色雕像前，同伴轻轻对我说，昨晚查了资料，施特劳斯将多瑙河说成蓝色，是受匈牙利诗人贝克鲁的影响。贝克鲁的诗中这样说：这是多瑙河两岸的幸福吗？在美丽的蓝色多瑙河畔有宁静的故乡。他特别强调，这是施特劳斯自己承认的，他受此启发，取了曲名。

多瑙河之"蓝"，不必从地理现象中寻找答案了，它是作曲家对多瑙河两岸的风光、生活、人文、幸福感的一种意象表达。

我笑问同伴：多瑙河之蓝，我们找到了？

维也纳导游

游历多瑙河五国,有十几位中外导游在不同景点陪伴我们,印象最深的,是两位在维也纳引导我们参观的中国女导游。

一位已七十岁左右,另一位也已超过六十岁了。两位都在年轻时到维也纳学习音乐,前者在维也纳的一个乐团工作了一辈子,直至退休。另一位则先学音乐,后学艺术,从事过与音乐和艺术相关的多种工作。

维也纳对导游有严格的管理措施,在不同的区域导游,有不同的考核标准。比如,有的只能随旅游车介绍沿途风光,有的可专门陪团进入宫殿或博物馆讲解。我们的随车导游是那位七十岁老人。她对维也纳城区那些重要建筑如数家珍,说起来,语调平缓,充满情感。可以听出,这个久居的城市在她心中的亲切。车至城市公园时,因为公园内有著名音乐家小施特劳斯的金人塑像,她说到小施特劳斯的成就和影响,更是带有音乐人的自豪:只有这个金人像前,来自世界各地的旅游者,会排着队去照相。遥想当年,只要小施特劳斯一出现,就会有大批女人的尖叫声。

在城市公园下车时,我问她,你在维也纳生活了半辈子,工作了一辈子,你已完全融入了这个城市?她说,是的,我很喜欢这座城市,轻松,又有很好的音乐艺术氛围。现在,中国来的人很多,我愿意向你们介绍维也纳。

大巴车行至霍夫堡宫时,她的工作结束了。接替她的是那位六十岁出头的导游。比起她的前任,她活跃而精力充沛。穿一条白色的裙子,配灰黑紧身小袄,戴着宽檐草帽,架一墨镜,远看,像都市里的时髦女子。耳机里听到她的自我介绍,亲切而自然,没有大多数导游的火辣热情。

霍夫堡宫已矗立于此八百多年,是奥地利历史和文化的代表性建筑,不仅是奥地利总统办公室所在地,也是一座有着二十多个世界级收藏馆的宏大宫殿,著名的茜茜公主博物馆就位于宫内。

这位导游领着我们参观的是茜茜公主博物馆。

这个展现了茜茜公主生活场景的博物馆,收藏着茜茜公主的日常用品、衣裙、饰物、信件、影像,把这位享尽富贵却一生辛酸的皇后再现在世人面前。导游充分显示了自己对资料掌握的丰富,对这段历史表达出自己的分析与见解。茜茜公主的丧子之痛,她的用词和语调,充满同情;茜茜公主最后惨遭暗杀,她又让我们听出了发自内心的悲切和惋惜。她造句、发声中的用心和讲究,犹如在为一个舞台剧作情感式的旁白,绝不是一般导游在干巴巴地、平实地背诵导游词。让我听出,她对茜茜公主这位历史人物的兴趣。

从博物馆出来,她陪我们逛步行街。我与她搭话,你已是茜茜公主半个研究专家了。她说,为了解说好,她跑了不少图书馆、博物馆,请教了很多人,做了很多功课。

她一边走,一边用德语问擦肩而过的奥地利小伙:你牵的是狼还是狗?然后高兴地告诉我,他牵着一条狼呢!她看见一位中国妇女包着整个脸,只露出两只眼睛,拿自拍杆转着身晃,高声用中文关照她，不可以这样的，警察会来找你的！

这位六十岁的导游，与她七十岁的同行，一样地爱着维也纳，享受着维也纳。

她们在维也纳的生活中，进入了自己生命的老年。在这座城市里，她们轻松、闲适地安居。当故乡的兄弟姐妹来到这里，她们又热情认真地，向自己的同胞介绍她们生活着的城市。她们为自己新的家乡骄傲着。

世界很大，处处可安。只要生命之花灿烂开放。

黄昏，船游涅瓦河

涅瓦河是圣彼得堡的母亲河。清澈的河水流过市区，一直流向辽阔的波罗的海。

五点半的圣彼得堡，还没有黄昏的迹象。高远的蓝天下，涅瓦河波光闪烁。船开行后，我们都走上了后甲板。凉风习习，看涅瓦河两岸铺展开去的百年建筑，想象着发生在那些建筑里的故事。已经有三百多年建城史的圣彼得堡，沉静而厚重，默默地展示着它的光耀和沧桑。

那座白绿相间的宏大建筑就是冬宫，这个中国人再熟悉不过的地方。当年十月革命一声炮响，发起了对冬宫的进攻，推翻了沙皇统治。其实，当年打的是空炮，对冬宫的建筑丝毫未损。这座曾经的皇宫已经成了一座国家博物馆，收藏了270多万件艺术珍品，其中仅绘画和雕塑作品就各超过一万件。宫殿般的博物馆已经成了世界四大博物馆之一。我们的游船没有经过曾经打响革命炮声的"阿芙乐尔"号巡洋舰停泊的河段。导游说，俄罗斯人淡化了这一段历史。

远远的，可以看见金黄色的直插云天的塔状尖顶，那是著名的圣彼得保罗大教堂，它和毗邻的保罗要塞一起，是圣彼得堡的标志性建筑。大教堂内有九位沙皇安葬于此。末代沙皇尼古拉二世一家在十月革命被处死八十年后，全家迁葬于此。而要塞的监狱里，曾经关押过车尔尼雪夫斯基、高尔基等名人。据说，在圣彼得堡的任何一个高处都可见到这个大教堂的尖顶，而在宽阔的涅瓦河上远视它，会产生遥望历史深处的幽古之情。

在游船驶过列宾艺术学院时，我有点欣喜。这座临河的淡黄色大厦让我注视良久。列宾是我喜爱的俄罗斯油画家，在我迁居杭州，入住于古巷老屋时，曾在西湖边的一家书画社，买了列宾的一幅油画复制品，挂于老屋土墙。画中白桦林翁郁的绿色，占据了大半个画面，树林前的长椅上，坐着穿白色连衣裙的姑娘。春天的白桦林和年轻的姑娘，给幽暗的老屋平添了青春的气息。三十多年过去了，老屋已拆，画也已毁，但老屋里的青春气息，至今仍然留存在我的记忆里。这幅陪伴过我很长一段生命旅程的画，与俄罗斯的文学作品一起，使我产生出浓浓的俄罗斯情结。我在船上向列宾表达诚挚的注目礼。后来几天，在圣彼得堡的街上，到书画店寻找这幅画，却始终没有找到。

船再往前，便是涅瓦河的入海口，这里河面辽阔，两岸码头繁忙，还有造船厂高矗的吊架。古老的涅瓦河展示出现代的阵仗。船在这里返回。而船舱里，一场联欢刚刚开始。

能歌善舞的俄罗斯男女青年，穿着鲜艳的民族服装，一边轻快地舞蹈，一边唱起了中国游客耳熟能详的苏联歌曲。在《红莓花儿开》《山楂树》那优美的旋律响起的时候，很多人拍着节奏哼唱。我们高兴地打开了香槟酒，品尝涂着鱼子酱的点心，与认识不认识的游客干杯，庆贺在涅瓦河上的相逢。一名俄罗斯男歌手唱起了《三套车》，沉郁而辽远。这首歌，总会让我想起十二月党人流放西伯利亚的艰辛。尽管歌词并不是写的十二月党人，但是，那一片冰河雪原，在悲凉的曲调里，令人会遥望十二月党人经历的苦难，感受十二月党人的妻子，在去西伯利亚寻找丈夫时，遭遇的寒风苦雪。她们对爱情的忠贞，影响了一代又一代俄罗斯青年。

这时，我们的游船正好经过十二月党人广场，广场中央是一座二百多年前，为纪念彼得大帝建造的"青铜骑士"雕像。从船舱的大玻璃窗看去，有青年男女正在广场上拍婚纱照。他们选择这里拍婚纱照，一定是希望自己的爱情，像十二月党人和他们的妻子一样忠贞不渝。

涅瓦河上有几百座桥梁，再穿过一座百年古桥，我们就靠岸了。这时，圣彼得堡的黄昏正在降临，回望宽阔的涅瓦河，璀璨的霞光，铺展在微波起伏的河面上。船尾，旗杆上的俄罗斯国旗在夕阳照耀下，迎着九月的秋风，飒飒作响……

埃及男人的目光

清晨的亚历山大城海岸，空旷而安静。

我和翼飞兄走在海滨大道上，看浅蓝色的洋面，无边的雪白的排浪向我们翻卷而来。不远处的礁石上有人钓鱼，是几位年轻的埃及男人。他们面对大海，不时有浪花飞溅到他们身上。我第一次见到在波浪翻动的海中垂钓。惊奇的声音可能惊扰了他们，他们回头看了我们一眼，又转身去专注自己的海面。然而，这回望的目光，却让我一下子记住了，这是一种平静而忧郁的目光，好像带着专注的思考。满眼波涛，缘何还能如此平静，且带着深沉的忧郁？

海滨大道出现了早起的行人，迎面走来了一位高大的中年埃及男人，身穿浅咖啡色传统阿拉伯长袍，步履稳健，目不斜视。我特别注意了他的眼睛，也是那种平静而专注的目光，眼神中的忧郁显得更加深沉，传达着一种思考的痛苦。不像是早起练身的人，也不会是来欣赏清晨的地中海景色，而更像是一位散步的思想者。

这让我有点好奇。我知道，沿着这条海滨大道往前走，是著名的亚历山大新图书馆，这座巨大的白色球体建筑在2002年建成时，吸引了全世界的目光。再往前追溯到公元前四世纪，在这海边就已出现了被列为古代世界七大奇迹之一的亚历山大图书馆。当时，欧洲的一些著名科学家来这里做研究。在这个海边，就出现过阿基米德、欧几里得、第一个测定地球大小的埃拉托色尼、绘出了第一张星空图表的希帕卡斯、制造出第一台原始引擎的希洛等人的身影。人们称之为,亚历山大上空群星闪烁的时代,成为当时世界科学和思想的交流中心。几千年前埋下的思想种子,现在仍在传承么?几千年前的思想灵魂,至今没有消散么?否则,埃及男人的目光里为什么有这样沉静的思索?

我带着这样的问号,继续着埃及的旅程。

那天在金字塔边,见到一位持枪的青年男子值岗,又是这样深沉而忧郁的目光,我忍不住上前与他合影。朋友帮我照完后,我就想离开,马上有人提醒我,要付他一些钱。我即转身,在他岗前放了几块钱。但是,无论在拍照前和拍完后,这位年轻人都没有过多的表情,我把钱放在他前面,也没有高兴和感谢。那难以察觉的微笑里,无法掩盖忧郁着的、若有所思的眼神。

没有人告诉我,埃及男人这种目光的缘由。后来在开罗国家博物馆,我似乎找到答案了。

已经有一百多年历史的埃及国家博物馆,显得有点狭小。进入展厅,没有宽敞的走道,随便置放的物品有点妨碍行走。那些千年以上的展品,都没有"资格"享受玻璃罩的待遇,仔细一看,不少还都是三千多年前的。不同年代出土的法老雕像,矗立墙边,默然注视着不同肤色的瞻仰者。行走在这样拥挤而千年古物遍地的博物馆,我突然悟到,这个历史悠久的国家,看到过太多的岁月沧桑,他们的眼界深远而广阔;这样一个国度的男人,不会再被海浪惊吓,不会对着金钱媚笑。他们中的很多人或许只在思考,一个几千年前领先于世界的国家,为什么长久地落后于世界前沿?曾经辉煌过一百多年的亚历山大城，是什么原因随着托勒密二世的去世，信奉的科学、理性，很快被宗教、巫术所替代，进入漫长的封建暗夜中。千年思考，代代不息，改变了埃及男人的生理基因，使我们看到了埃及男人这样的目光？

走出博物馆的大门，我对翼飞兄说，其实，我很喜欢这样的目光，有着这种目光的男人，让人想到使命、责任、不轻浮；想到遇事不惊、淡然处置的坚定。而且，这种淡淡的忧郁，还有一点点男性的迷惑。

我默默地想，有这样的男人支撑起的国家，还会发生让世界为之瞩目的故事。

芦之湖畔

到了芦之湖边，你便会心感宁静。日本的一位朋友这样对我说过。

在酒店卸下行李，径直走向芦之湖。傍晚时分的芦之湖呈现出暗蓝色，在高山的怀抱中，平静得没有一丝波纹，远处是富士山淡白的影子。湖边无人，大树静直，我坐在一株柏树下的木椅上，如同被一种原始的静谧洗涤了一般，旅人的身心瞬间沉浸于安宁之中。

很容易想到一个字：禅。这是在日本经常见到的一个字。芦之湖边，我感受到了这个字里"静"与"空"的弥散。

有人介绍，酒店有怀石料理供应。我知道，这是极富禅意的日本特色餐饮。有点喜出望外：禅景、禅饮，这是天意人为的融合呢。立即预订晚餐，尽管每位500多元人民币。

怀石，最初是让僧人听禅时怀抱一暖石以抗饥饿。后来，茶道中请客的饭菜，发展成精细的怀石料理。其禅意与自然，便融进了菜式中，厨师们将怀石料理的每道菜都视为艺术品精心制作。

进入餐厅，穿着艳丽和服的两位服务小姐已在长餐桌旁鞠躬迎候，她们梳着高高的发髻，满脸笑容。引我们入座后，用只有一个人能听到的语音，询问我们需要什么饮料。每个人的任何一个用餐要求，她们都点头、微笑、即办。只是我们也成了"窃窃私语"的文雅之士。

芦之湖已经暗了下来，湖边的路灯泛着柔和的光。高山湖泊的宁静是透彻的，餐厅的无声，与这湖的宁静有了呼应。湖边窗下，安静也可以传递。

第一道是开胃小菜，铺着白纸的黑色漆盘上，是五个不同叶瓣样的小碟，装有生鱼片、叶菜、萝卜、南瓜、香菇。菜品量极小，三块生鱼片配一颗蚕豆，南瓜泥仅做成两厘米方块。小碟之间有新鲜绿叶搭配，绿叶之上，看似随意地放着几颗紫红色的花蕾。整盘菜，犹如宣纸上一幅立体的画。每个人在动筷时，都迟疑了。

怀石料理的制作，讲究食材新鲜，因此，所有菜点，都在顾客预订后烹制。上菜的间隔也有时间规定。服务小姐见席中一位客人忙于手机拍照，第一道菜尚未吃完，第二道菜便端在手上，在其身后停留了，脸上是沉静的微笑。

第二道是冷菜，考验着食客的艺术感受力。一段七寸翠竹，半劈掉五分之三，如一扁舟，置于一片白色冰碴之上，一枝粉红梅花斜插绿竹之侧，好一幅二月村野图。有人拿起相机上下左右一阵拍，口中有句：绿竹出山野，红梅点春光。那一片周圈鲜红、薄如蝉翼的白萝卜片，置于小坨白萝卜丝之上，让春野也显出精致。竹筒之内的甜虾、生鱼片、菜丝、花蕾，却成了点缀。难怪有人说，怀石料理，吃的过程就是感受意境的过程。舌间的感觉已经降为次要的了。

第三道上了热菜，端上时，视觉的冲击令人目呆。一个硕大的红酒杯倒置，杯边是红黄绿三色的蔬菜，或长、或圆、或卷地随意放置，盘底的那一抹淡黄，则是调料。拿掉酒杯，竟然冒出了缕缕轻烟，令人称奇。有人说是热气，但热气没这么浓烈。每人都玩起了用酒杯把烟盖住又瞬间释放的游戏，最后也没弄清这烟是什么，是怎么出现的。至于酒杯盖住了什么，已不重要。其实就是白萝卜上压了两块猪肉片。

此前，在街巷的小餐店，已经感觉到日本菜的精巧、小量。怀石料理把精巧推向了极致。而小量，在品尝怀石料理的过程中，却已忽视，不知是因为被菜品的艺术意境所迷惑，还是因为品种多的缘故。后面几道热菜上来时，已经有女宾说吃不下了。无论端上的是一肉丸配一菇，还是三小块炸鸡肉配一块油煎小点；无论是一小碟炒饭，还是一小盅蛋羹，都已经把目光放在盛这些菜点的器皿上。那个盛炸鸡块的小高盘，为什么放这么多小圆石？那个放调料的小方盅，刻的印章，起源于中国吗？

最后的色彩缤纷，自然是甜点。巧克力与冰淇淋是主题，却由于白色的酸奶和红黄绿的水果混搭，便千姿百态。只有甜点的盛器不小，真是会讨女宾们的欢喜呢！这是怀石料理的现代攻势吗？它因了禅与道的起源，似乎并不需要过多考虑食客的喜好，只要传达出禅道的空灵和静雅，就足以引食客与其融为一体。

走出餐厅，芦之湖已被墨色笼罩。怀石料理所展示的盘中画境，让我再度想起坐在湖边的感受，想起日本文化中的静、清、简而演化成的一个"禅"字……

到人吉去

熊本与人吉，都在九州岛上。

我们去熊本，是冲着那儿有古城。没想到古城在前年的地震中毁损严重，已被绿色的栅栏围起修缮，规划25年修好，现在，只能远处观望了。人吉是离熊本不远的老旧小城，安静清寂。访古不成，探求清静，也算是个补偿。

从熊本到人吉去，有旅游小火车可坐，是那种老去了的燃煤动力火车，慢慢地开行。这让我们欣喜：从古趋静，是该有老式的交通工具相送，才具意趣。日本人对游人炫耀的新干线，那个"快"字，已让中国人索然，而这趟小火车，诱惑你的是一个"慢"字。

小火车的蒸汽机车头缓缓进站时，冒着黑烟，拖着三节车厢。有兴奋难抑的，没等火车停稳，就拿手机对准了车头；有杞人忧天的：日本还允许黑烟冲天？一位老年司机微笑着向我们示意，两位年轻司炉工，认真严肃地在炉前干活……都恍若遥远年代的画面。

这火车还真是慢呢！几十公里路程，让你可坐两个多小时。两边的田地、草原、山峦、房舍，慢慢悠悠地后退。当火车穿越峡谷时，山岚间的白云，近在窗前。车厢也是老式的，还有点旧，木质的厢壁、座椅、茶几，四人对坐，有了围而论道的气氛，再加上窗外的景色看得真切，议论纷起：

空气真好！

小火车冒点黑烟，看来也不影响环境呀？

关键是适度！

我看这房子不怎么样，不好看不说，还盖得乱七八糟，电线如蛛网，一点不规整，还不如我们杭州的淳安山区。

那是因为土地私有，做到整齐划一很难……

穿过车厢，到最后的休息间去，车厢内，除了我们，都是日本游客。休息间是大玻璃窗，散放着沙发、摇椅、小凳。一对打扮不俗的耄耋夫妇坐在沙发上，对着窗外指指点点，轻声细语，神态安详。城里人对这一派乡村景象总是喜欢。老人的闲适让我慕视许久。

人吉合一为舍——人吉市在很早以前，是一座处于交道枢纽地位的小城，旅人都要来这里住宿后再转赴各地。近代交通发达后，特别是高铁城轨的兴起，小城被边缘化了，成了一座静寂之城。

到人吉后，进入一条街巷闲逛找吃食。正是周日正午，几乎所有店铺关门，也不见有行人走过，那些陈旧简陋的门面在寒风里很是清寂。忽见一家拉面馆，门面低矮，自谦地半开着门。走入店内，左侧是一排灰水泥面的长餐桌，餐桌中间有铁皮相隔，铁皮下端留有长方形小孔，两边的食客则无以相见。墙角顶棚挂着一只电扇，安静地积着灰。右侧是敞开的厨房。老板娘见我们涌入，满脸堆笑，指点着一儿一女，给我们每人烧了一大碗铺着大肉、豆芽、海带的拉面。肉糯、汤鲜，个个吃得身暖。

再出门，似乎少了些寒气。街巷尽头立着一幢很有些年头的破败的木制建筑，屋梁倾斜、屋墙漏壁、屋顶的瓦片已经碎坍。屋边的矮草接受着没有阳光的寒风。来过日本几次,第一次看到这么破败之相,心有惊疑。静下一想,那是因为自己看多了那些街市的灯红酒绿、庙宇的古穆精雅吧。

同伴说,这小城的静,太过素简。

人吉城外,淌着一条可漂流赏景的江。到江边,只见一叶小舟横斜,码头上寂寞无人。上船脱鞋,钻入船舱,坐定在舱两侧的地板上,才看到,除了我们几个伙伴,另有四位中年日本妇女。船尾,一名赤脚的船工摇橹,衬着蓝天。

船盖弓形竹篷,从舱头舱尾看景,便有局限,并且,也只有清绿的水、两岸的田,不见河道弯曲、激流险滩,只是静中泛舟、闲听桨声。

于是,心思便在舱内。一脱鞋,挤一舱,人就近了。有点像在大兴安岭林区时脱鞋上炕,唠嗑那样。四位日本妇女,微笑可亲,一见面就互不陌生。她们的衣着蓝灰两色,剪裁宽大,看着还有点拖沓,像四位农村大嫂。

她们皮肤黝黑、爽朗健谈,都来自福冈,是退休的护士,结伴出游。其中的一位,拿出手机翻看,是那种黑色小巧的翻盖摩托罗拉,她说,你们用的都是苹果,我们落后了。

她们都与丈夫离了婚,说是休了他们。四人开怀大笑,船都晃了起来。前几天,我刚在福冈一家诊所问询药品的使用,日本护士温婉的印象尚未退去。她们脱下职业装,显得格外自由。

上岸后,我们坐大巴往鹿儿岛。她们要去小镇逛街。

看着她们远去的背影,我突然想给一位对日本情有独钟的"旅行家"发个微信,他曾对银座夜色、奈良寺庙、小樽运河边的大海蟹连下溢美的定语。我要向他说,来人吉行游吧,你会认识另一个日本。

窗外是九州广阔的田野和牧场,这片土地滋养出的庸常日子,简朴而自然,与本州岛上几座华贵的城市里散发着的"禅"的气息比起来,可要亲和真切得多。

在熊本古城废墟

古城震塌。2016年6月14日、16日,日本熊本县先后发生6.9级、7.3级两次地震。

一年后,到达熊本城外,看到高矗的城墙如山体崩塌,滚落的巨石冲至几十米外。城墙上的亭阁倾斜歪扭,露出破败的柱、梁、砖。一米高的浅绿栅栏,远远地围住了古城。

古城拒绝参观了。原以为,震后一年前往,既可闲游街巷,也可找寻震迹。可是,修复需要二十五年。四分之一个世纪的拒之门外,让我在遗憾之中深切感受日本人的认真、执拗、祈求完美。一位六十八岁的当地人说,四百年前,一座建造了七年的城池,现在用二十五年时间修复它,不算长,这也是后人对辛劳、智慧的先辈表达的一种尊崇。能否在有生之年看到修复的古城,他并不在乎。

栅栏上挂着大幅宣传牌。图和文字,介绍古城的原貌、展示震后的场景,更多的是解释修复的方法,让你知道,二十五年,这里的工匠们会如何地用心投入,让砖与砖、木与木严丝合缝。先人的古城要在他们手中复活。

一队队的小学生过来了,绵延不尽,安然无声。老师领着他们,讲解图板上的内容,也指给他们看垮塌下来的一堆堆巨石。我发现,孩子们在看着垮塌的城墙和一堆堆巨石时,神情沉静,惋惜中,似乎也不仅仅是悲切。同学之间凑近耳边的悄声对话,是认真的,显露出孩子不该有的严肃。有人告诉我,那些巨石上有阿拉伯数字,要根据这数字,把石头安放在城墙垮塌前的位置上。地震摧毁的历史遗迹和二十五年的漫长工期,不知会给孩子们的心里留下什么印记。

我悄悄下到了城墙的底部,仰望城墙,蓝天上的楼阁摇摇欲坠。环顾四周,看到了白色巨石上的红色数字,红白互衬,凸显醒目,让人遥想,也有了期待。在日本人眼里,这是一座犹如神殿般的古城。建造古城的加藤清正,是日本战国末期名将,一生征战无数,没有败绩,后来又任熊本的第一代藩主。日本人到熊本,都会去加藤清正的神社祭拜,以求一生顺利。寄托着无数日本人生存祈望的古城,纤毫不变地让它再现,对他们来说,是一种心愿,也是一种责任。

护城河的外侧,展开着宽阔的草地,这在一座小城里显得奢华。也可能是为遮盖地震遗迹而铺就的。闲走着,远远就看见了一棵巨树,树干可几人环抱,树冠遮盖住大片蓝天。一位日本老太太坐在遒劲壮实的树根上,满头白发,沉静慈安。在这千年古树下,老人弱小得像个孩子。她是古城里震后的灾民,在这里遥望自己的家乡?还是来这里祈求先祖保护她一家老小的安顺?

没有一个人影的开阔草地上,一棵地震中幸存的巨大古树显得矗伟高凸,老人安享着树荫的庇护。这人与树的安适,是一首诗。

眼前静穆的、人树相谐的画面,让我出神。我单腿下跪,想拍下这个画面。老太太向我微笑了,皱褶满脸。我也向她微笑,走近她。老人有八十来岁,瘦弱、背驼。一种经历灾难后相扶慰藉的情绪充溢在我心头。地震已过去一年,似乎没有这种情绪产生的诱因。或者只是对一位失去家园的孤独老人不知缘由的同情。老太太拿出一盒东西递过来,让我吃,是一盒黑蒜。她让我看包装的盒盖,跟我说着什么。大概是告诉我,这东西难看,却营养好。我没有丝毫疑虑,拿了一颗放入嘴里。脱口而出的"谢谢"两字,她听不懂。回应的笑容,却满是慈爱。

离开后回望,老太太正面对着远处的古城废墟,默然静肃。我对古城的遥望,是一位异国行游者的旁观;而她对古城的遥望,是对自己断垣残壁的家的牵挂和怀想。但是,她沉默的目光里没有凄怆。

我不再牵念古城中的街巷、寺庙、风中的旗幡、旗幡下飘香的美食。看到了废墟、孩子和老人以后,人在灾难面前的羸弱却不屈,不失亲善,以及直视灾难的顽强传承,都令我感怀。这是人类共有的面对灾难的姿态?这比看到古城的历史遗迹,遗迹中的世俗文化,更为生动。自然不必说那些阳光下的摩肩接踵、缤纷中的香气飘飞。未入古城心浮的遗憾,已全然隐去。

世俗有言,人是世界的过客,应该去看当下所有的精彩。但是,也有人告诉我,山水、名胜、古堡、旧城,这些风景,只是激发心灵启悟的背景。此时,这是知音。我把人在经历灾难后的神情、语言、行为,也看成一种启悟人心的风景。

记起了日本学者柄谷行人的话:风景是由沉迷于自己内心世界的人洞察的。二十五年后,我会无从看到一座既新亦旧的熊本古城,但是,这句话令我感到欣慰。我正觉得,那些老人和孩子悄无声息地列于眼前,潜入我的记忆里去……

小田原的老人餐店

去箱根。在地铁小田原站下车，转坐大巴。

转车的间隙，正好是午餐时间。要找一家用餐不需花时太长的餐馆。没想到，出站，穿过一条小街，拐角处正有一家。

推门进去，七八个人落坐厢式座位，行李散放在身边。这是一家不大的餐厅，装修简单，且已陈旧。用长条吧桌分隔厨房和用餐区。一位八十岁左右的老者走了过来，背已微驼，行走已瘸，面色平静，灰白的头发梳得十分整齐。他一手拿着菜单，一手提着玻璃水壶，给我们每人倒了一小杯白开水。没有说话，说了也不懂。但意思到了：欢迎你们！请点餐。然后，退回吧台前的椅子上坐下。

看过菜单，有人举手，老人便颤巍巍走来点餐。仍然面无表情，没有接到"大单"的一丝欣喜。菜单上都是简餐，图案有面条、炒饭、套餐，价格不贵。见邻桌两位清洁工模样的中年日本男人吃着炒饭，饶有滋味。

不一会儿，老人又颤巍巍地给我们端来炒饭、套餐，平静地放在我们面前。又回到吧台前的椅子上坐下了。

我好奇烹制饭菜的速度之快，趁我的面条没上之时，走近吧台，去观察吧台内的厨房。

一位矮小的老婆婆，正在一只煤气炉上的铁锅内翻炒，背已深驼，戴着口罩，白发盖住了前额。锅旁，有半成品的塑料袋。从塑料袋的画面上知道：炒饭，就是半成品的加热；简餐，就是白饭加半成品的牛肉和蔬菜。另一只炉上有铝锅煮着盆碗和杯子，应该是在消毒。老婆婆感觉到我在看她时，抬头朝我微笑。

这是一对老夫妻，开的一家小餐店，以自己的力所能及，供应最简单的饭菜，让需要的人前来充饥。我注意到，并不宽敞的用餐区里，有一个角落，还放置了书架，杂志和书放满了八成。

两位清洁工吃完后，点起了烟。这让我有点吃惊。在日本，有些人行道都有禁烟标识啊，室内是绝对禁烟的。我与坐在吧台前的老人打起了手势，希望他去阻止吸烟。这时，老人的面容有了变化，是一种无奈的、歉疚的、有点尴尬的表情。我看到他的为难。小本生意不容易，这些人可能都是附近的常客，拉不下这面子的。

又有一位穿着工作服的胖女子进来，与老人打了招呼，坐下，先点上了烟。

老人见我们有人吃完，又颤巍巍走来，收走了碗筷。不一会儿，再颤巍巍地过来，静静地给我们杯子里添水。同伴中有位女子想在半墙的搁板上拿餐巾纸，他突然急急地、身子左右摇晃着，走到吧台旁，手伸向一只置于高处的小消毒柜，取出一块湿毛巾递给她。这时，他脸上有了浅浅的笑，平和地愉快着，像做成了一件自己满意的事。

八十岁的他，看似已心如止水。无论进门的是一位客人，还是像我们的八位客人，他一如平静，没有了"小钱"的不屑和"大钱"的媚喜。只是按餐店服务应有的程序，在你感觉需要的时候，就及时出现在你面前。老人"颤巍巍"的瘸步，要按照服务程序做好,已是一种磨难,况且,还有"额外"的服务想让我们感到他的周全。他的那块温湿的小毛巾递过来时,女子以出乎意料的微笑回报于他。老人默默的、平静的举动,让我觉出受到一位长者眷顾的暖意。

他知道我们要结账,便顾自先走到门边后,扭亮了灯。账台在门边的暗处,通往账台有一台阶,他站在账台前示意我们的"团队女财务"注意。打出账单后,与我们的"财务"边嘀咕,边点头。我知道,这是表达谢意了。

有人想在吧台旁与他合影。他颤颤地走来,这时,他笑得很开心。我想,平时,大概不会有日本客人用这种方式亲近于他。他的老伴,在吧台内看着我们,更是笑得合不拢嘴。

人已耄耋,且已残身,在淡然、平静而小心翼翼中,还坚持着一个商人的品格,职业的操守已融入他的心魂。我很想问老人,日子,过得好么?

我们离店时,老人仍坐在吧前椅子上,他向我们挥手,满是沧桑的脸上,是微笑着的,皱纹深深。

借山筑道

在韩国济州岛游览,那座列入世界自然文化遗产的汉拿山是必去的。有五条山道可以抵达1900多米高的峰顶。站在山下那一片翠绿的草地上,导游说,五条山道,每年必有一条是封闭的,为的是不让游人行走破坏时间太长,让山道休息,使之恢复至原始状态。我们只是借用了汉拿山筑道攀登,请大家爱惜。

借山筑道,这真是一个让人警醒的生态词:在这里,大自然的主人是山岭、河流、每一棵树、每一株草,当然还有汉拿山,济州人只是借了山体筑了进山的路,不能把借的东西搞坏了。我们这个团有不少小学女老师带着自己十来岁的孩子,她们听了导游的话,马上与自己的孩子悄声低语,又当起了"老师"。

不知道这是否为进入济州岛必上的"环保课"。反正就此开始,以后在途中,导游所有对我们的环保要求,没有一位游客有异议,或者有表情的不屑。

济州岛是一座由遥远年代火山爆发形成的岛屿。至今,在汉拿山下的海岸边,有黑色的礁石嶙峋竖立,掀天白浪与高耸黑石相撞所展示的力度,是大自然壮阔的景观。有人告知,这里的石头不能带出境,即使是一小片也会让海关拦截。济州人认为,这里的石头比大海中的贝壳重要,贝壳会无尽地涌上海滩,而这里的礁石,如果每人带走一小块,用不了多久,岛上的火化石就会消散殆尽。那可是济州岛独有的宝贝啊!那天,我们在礁滩上看神情怪异的大小黑石,远瞧近看,在手上把玩,想象着火山爆发时惊骇震天的情景,但石头只能留在自己的相机里。孩子们拿着石头互相比画着,向空中抛去,最后都回到了大海的浪花中。

海岸边,大山下,有大片的草场,马群在悠闲地吃草,轻松地漫步。济州岛上的马大都是菜马,每匹马身上都装有芯片,受到监控和保护。当地人控制着马匹数量,不能过度饲养,宰了一匹,才能补充一匹,保证草场和马匹的平衡。马身上的所有东西都是宝贝,济州马养育了岛上的百姓。岛上有海女一族,就是从年轻起就喝马骨熬的汤,七八十岁还能不带氧气瓶潜身下海,去捕捞鱼、蟹、贝、螺。牧民供马吃最好的草,还不能透支地肥,要轮休草场。这是为了马,为了自然生态,也是为了自己。

沿着海岸,有海女捞上鲜活的海产品叫卖。我们坐在小方桌边,每人一杯白酒、几碟鱼蟹。海风轻拂,听海涛拍岸的声响,感受着大自然给予我们的亲切、平和,我们融汇于海天之间。老年海女黝黑的、刻着深纹的脸,对着我们,轻快地笑着。

汉拿山是济州岛最高的山,处于岛的中间位置。在济州岛上开车,总会与汉拿山相遇,不时地与它相随而行。在我看来,汉拿山就是济州岛的象征。生活在岛上的百姓,每天与汉拿山相伴,更会把汉拿山视作自己生存的依傍,他们在这里获得生活所需要的东西,他们感到生存的安稳。

有人问,为什么不建索道,让游客轻松方便地到达山顶,还可以赚钱?我想,懂得"借山筑道"的济州人,一定不会为了钱,去改变汉拿山的原始形态,更不会用索道让山顶挤满人群。他们知道,如果随意破坏,沉默而雄伟的汉拿山,最终会报复济州岛上的居民。果然,济州岛政府有令,决不在汉拿山修索道上山顶。汉拿山永远以它的原生状态与济州岛百姓共存。

我在经过汉拿山碧绿的山坡时,庆幸着济州岛人面对大自然表达出的虔诚和清醒。人是自然之子,大地、河流、山脉、森林,是滋养我们血脉的源泉。人对大自然的敬畏背后,实际上是人自己对生存应有的小心翼翼。

当地人告诉我们,有一位九十三岁的老年海女,独身一人生活在汉拿山下,拒绝子女陪护。每天清晨,她起身走到屋外,仰望满目青翠的汉拿山,心里满怀着温暖和感恩。她告诉儿子,她置身于汉拿山的怀抱里,汉拿山会庇护她已渐衰竭的体能,也会支撑她的坚强。

离开汉拿山的时候,我问同行的孩子们,你们会留下汉拿山和海女们的故事,留下关于"借山筑道"的记忆么?

清迈的树

清迈是泰国北方的佛城。随意行走街市,却在不经意间发现,马路边上有巨大的古树高高矗立。这些大树立于闹市几百年,以绿荫力抵喧嚣,给佛意平添古风,这让我留意起这座城市的大树来。

黄昏时分,走出酒店散步。右转几步,就是一条不宽的马路,车水马龙。人行道更窄,相隔十几米就有被三人才能合围的大树占据。影响路人行走,却能百年不移。这些古树,是岁月遗存,能长于此,因有适其呼吸的水土供奉,这比当代路人的行走重要得多。市井凡人和城市官员都如此着想,似乎有佛的影响。

街面都是小店,有吃食摊摆出在稍宽的人行道上,那些欧美人随意喝着啤酒,就着小菜。摊主站起兜我的生意,平静、低声,没有令人不安的热情,却有谦恭显露在隐隐的笑容里。这表达的是礼貌:我请了,坐不坐下,你定。摊位正置于古树荫蔼之下,摊主的表情与古树下吹来的风一样舒适。在这个佛教之城,在历经岁月风雨的古树庇护下经商,摊主会得到神灵的启示么?

走进清迈大学,更是古树的大天地。这个名列泰国第三位的大学,有三万学生,培养了美女前总理英拉。它像一座无穷尽的大植物园。我们坐电瓶游览车在校园内巡行,树林多于草坪,虬枝扎地、枝丫参天,几乎不见有楼宇高于树顶的。英拉上学的那个学院，也是一幢四层楼房，陈旧而平静。问带我们参观的中国留学生，这里建校之前是一片森林吗？她说，可能是吧。她置身于此，沉寂于学，还没有闲心去了解大树和大学的关系。这样或直、或斜、或弯，形态各异的古树在这里集聚，如果不是森林的生态养育，不会有如此自由恣意的成长。大学保护大树，是尊重大自然的馈赠。大楼不是大学的象征，对大自然的虔诚之态，却表达了大学的品格。

看到一群身穿白衬衣校服的女大学生站着围成一圈，弓着腰，手互相搂着腰部，在男女老师带领下，有节拍地踏地，齐声呼喊着口号。个个阳光、纯朴，在古树浓密的阴影里，尽情散发着青春的力量。喊声越来越响，最后的结语，几近疯狂。留学生说，老师在送别自己毕业的同学，这是送别的仪式。这样的狂喊，是对老师和母校的不舍吗？这充满青春的表达，古树会听到，会溶入它们的年轮里，让岁月留存。他们选择在古老的大树下送别，心底里有着对古树的无限虔敬。学生们离校后，留给自己记忆的，一定是呼喊仰头时，看到的那一片密密匝匝的浓绿的叶子，她们会为自己在大自然的怀抱里释放青春而感到生命的力量。

我不时地回头去看她们，一阵风后，离枝的树叶，向她们的白衬衣飘落而去……

到了柴迪隆寺，一下子就被它的宏伟、悲怆所震撼。它的高大在清迈的寺院中绝无仅有。六百多年前由兰纳王国的国王修建，供奉其父亲骨灰。一百多年后，经历地震，高塔的尖顶瞬间塌毁，至今，保留着震后的原状。抬头所见高塔，地震的惨烈依稀可见。

可是，就在寺院的几十米外，一棵与柴迪隆寺同龄的古樟树，却在地震中无损。现在，树干挺拔、枝繁叶茂、直插云天。站在树荫下，抚摸开裂的褐色树皮，仰望蔽天的树冠，犹如感受到历史老人的沧桑和淡然：尽管历经狂风、骤雨、雷电、地震，却依然随风飘叶，依然浓荫匝地。

大树的右边是一座小巧的寺院，就像对林中小木屋作了精致的装饰，显得华贵而富有皇家气派，它的傲然的尖顶还不到大树的半腰。这座小寺已存在了一百多年，它在古樟树的护佑下安然、静谧。大树似乎轻微地朝小寺倾斜。大树心知，应向神灵致礼；或者要保护这娇小的神的居所。我脱鞋走进小寺，只见寺窗开启处，有枝叶飘动，有凉风拂来，坐在洁静照人的地上，沉思不起。

树与佛，不会有共生共长的约定。这是人给了它们机会，使这座城市有了独特的气息和品格。

古树护佑着佛，也护佑和注视着人。有古树陪伴的城市，良知和真诚不易退却。古树是天与神的遣使，是历史的见证者，它看多了人世间的善良与罪恶，温厚大气，却有洞察的目光，把这个城市每个人的言行沉淀到了它的记忆之中。

清迈的树，会在我心中长青。

安静的旋律

进入餐厅的庭院时，还以为是走进了清迈的又一座街心花园。花木扶疏，屋宇古雅。

这是在清迈的最后一顿午餐，用餐后，我们便去机场回国。游兴已减，心思开始杂乱，正好是自助餐，只想着随意吃完，登车归去。

端着盘子回座，见餐厅一角不高的平台上，一位戴眼镜的长者正掀开一块红色盖布，露出一台电子琴。琴声飘过，便传来了低沉、浑厚的歌唱。是泰国乡间的吟咏之曲吗？也有点像日本那种平缓的小调，旋律里的苍凉一下子攫住了我。

是这位老人在演唱。我被安静下来，不由自主地放下了筷子。仔细看去，长者已过七十，穿着浅蓝格子衬衣，头发梳得光亮整洁，秀琅架的镜框，架在清癯的脸上，显得斯文而平静。他是卖唱吗？这么专业的演唱，似乎也无穷困的神情，为什么还要来餐厅唱歌？

一曲完了，我高举双手鼓掌，又有团友跟着拍起了手。老人看到我了，向我微微点头，矜持一笑。

整个大餐厅只有二十几位游客，显得空寂。老人沉浸于自己的演唱，似乎在歌曲的画境中行游。他把自己的情感通过演绎的歌曲传给了我们。我让妻子帮我去取菜,我想沉静,我想感受老人在音乐中表达的人生:跌宕酸楚、平坦宁静。

我与同桌的家人说,这样的老人,这样的演唱,我们该有回应才好。我起身,走到台前不远处,伸直双臂,给了他两个夸张的大拇指。

这时,又走上台一位年近七十的女士,着藕色短裙、白底浅灰花衬衣,拿起麦克风,与琴边的老人一对视、一点头,极为默契地用中文唱起《月亮代表我的心》。餐厅里的每个中国人几乎都会唱这首爱情歌曲。但是,这位泰国女士的演唱,却揉入了一位老年妇女对爱的理解,没有了丝丝的甜腻,没有了浪漫的虚浮,却有着铭心的追怀和淡淡的感伤。这舒缓中的情感投入,似乎引发了每个人的爱情往事。餐厅完全平静了,等唱完,每个人都鼓了掌。

马上有人说,这一定是一对老夫妇,否则,不会那么默契,不会有这样和谐的弹与唱。

正在这时,团友中的两位中年妇女大概被"月亮"搅动了心绪,走上台来,与琴边老人做了几下手势,拿起麦克风,也唱起了《月亮代表我的心》。可惜的是,音调不准,词还记不全,两人也没调好音高,凌乱的破音一下子把餐厅气氛改变了,把两位长者营造的宁静和温馨,变为自我寻乐的卡拉OK。温和地弹着琴的老人,仍不失他的平静,而这位刚演唱完的女士,则孤站一边,轻轻皱起了眉头。

这两位中国妇女对现场气氛的破坏,愧对两位长者。

他们这样认真地追求演唱的境界,让我相信自己的判断:他们不是卖唱者,他们是两位专业艺术家,在自己高龄时,找一个地方施展自己的艺术功力，并在倾听者的掌声中，感受快乐。如是卖唱，他们会高兴游客上台共同欢闹，老板会喜欢这样的经营效果。

我把这一想法说给同行者听，他们却笑言，这是迂论，现在，哪还有不要钱的艺术家，况且，又是在餐厅里。

我无言以对。这是他们对已经老去的艺术家的不解和漠视。琴瑟相谐，知音应和，有多少艺术家以有这样的情境而陶然，这是艺术的享受。他们对生命的物性已然释怀。即便是卖唱，也唱出了艺术的境界，我同样为两位老人对艺术的不苟怀有深深的敬意。

我悄悄走上小小的舞台，先与老年女士合影，又走到弹琴的老人旁边，坐下，合影。这是我在公开场合绝无仅有的一次突兀举动。家人给我看合影的照片，两位老人微笑着，表情亲切。他们应该看到了我倾听演唱时的虔诚。

迫于时间，我们只能离席，走到餐厅门口，我又站住了，回头向两位老人注目告别……

第七辑

母亲的菜属于儿女

母亲走了之后,她烧的那几只菜,时时让我念想。

一只是红烧带鱼。我记忆深的是,母亲煎带鱼的分寸感,两面煎黄后绝无焦色;还有,喷洒料酒时,那一刹那带有鱼鲜味的酒香袭来,我便会深嗅几下。端上桌时,二寸长的酱色鱼体摆放整齐,成两叠之垒,碧绿小葱点缀其上,盆沿不见汤汁散迹。一只是红烧烤麸。不常烧,因为买烤麸要凭豆制品票。每次烧好,看到平时不多见的黑木耳、金针菇、花生同在碗内,便抑制不住馋劲,会当着母亲的面,"偷"几筷尝尝。有一次问母亲,为什么烤麸这么好吃?母亲说,要多用些油,耐点性子把烤麸翻透,让油吃进烤麸里去。还有一只便是红烧肉,是春节时的"大菜"。母亲要烧一大锅,配以笋干,倒入一只画有仕女的青白色的陶瓷罐中。这一大罐红烧肉,要吃到正月十五。现在,这只仕女罐放在了我家的古藏架上,罐里的红烧肉,却永远不会再有了。

在艰辛的日子里,母亲烧菜也从不潦草,每一只菜都是好看又好吃。她在厨房烟雾中劳作的背影,便让我一次次地怀想。

很长一段时间里,听到、看到"妈妈的菜"的字眼,会特别的敏感,有时,路过有这样店招的餐馆很想进去,品尝一下是否真有母亲烧的菜的味道。

那一年，去桐庐的一座古村落。在溪边的一户农家吃饭，点了鳊鱼、青菜、豆腐、螺蛳四菜。滋味清鲜。五十多岁的女主人走出厨房，热忱问道，口感可好？我答，就像家里的菜。她乐意了：前几天，有几个小年轻吃了后，说就像妈妈烧的菜。说完，一脸满足的笑容。

"妈妈烧的菜"，这句话一说出来，便让我陡生暖意。当时就想，我还会来这里吃饭。

大半年后，又入乡桐庐，到了饭点，便赶去这户农家。入村口，只见开了两家颇有规模的餐馆，有旅游包车停驻。

见到农家主妇，赶紧问："那两家店，夺你生意了？"

"还好，我这里回头客多。前几天，有十几个上海知青带孩子吃住在这里。"

"你只要坚持做好'妈妈的菜'，一定不会断客，我们以后还会来。"

其实，我的断语里是一份对母亲菜的执念，我希望被称作"妈妈的菜"的店不要消失。

不久，在江南某小城，位于市中心的一幢大厦里，找到了一家名叫"妈妈菜"的餐馆。

桌上的菜单正面写着"您养我长大，我陪您到老"。菜价从3元起，到68元止。有一些菜以"妈妈"打头，"妈妈醉鸡""妈妈梅干菜肉""妈妈油爆虾"，自然还有"妈妈的红烧肉"。这都是母亲烧过的日常菜，我觉得亲近。

我们点了红烧肉和醋溜鱼头及蔬菜。红烧肉肥瘦相宜、咸甜糯软、舌齿留香，丰富着我对母亲春节红烧肉几十年来的味感；醋溜鱼头配以白萝卜，鱼肉嫩滑、萝卜软酥、酸甜咸勾芡得恰好。此菜的味觉记忆已然消失，眼下的"酸甜咸"直通了一次当年的餐桌。

邻桌，四位二十几岁的姑娘，大块夹菜，满嘴大嚼，丝毫没有矜持之态，只有在妈妈身边才有的无所顾忌。似乎在妈妈菜馆就可以随意。

我想：开"妈妈菜馆"，需诚心，会少赚，稍有虚假便会亵渎"妈妈"二字，这家小店的老板，何以有这等胆量和定力？

带着好奇查百度，却见标"妈妈菜馆"的有一长排。郭家、李家、张家、王家……诡谲的市场中，有诚实的经营者，也不乏精明的投机商。这让我心生警觉。用"妈妈"二字，向消费者释放的用餐暖意，是一个显示"诚恳"的手段？

但是，妈妈做的菜表达的朴实、本味、日常，让人体验到的温情，不知有几家店会存在。

只有家里的厨房，才有着妈妈的温暖。普天下妈妈做的菜，都是妈妈带着心血的作品，最终只属于她的儿女。

我曾梦见母亲端着菜从厨房里出来，看不清是什么菜了，盘子边彩色的花纹却特别醒目。

这样想着，书房里，抬头就看到母亲的照片，她的笑容正对着我，温婉、朴素、安静。

吃 鸡

中国人喜欢吃鸡,甚于吃鸭、吃鹅。我也是。

小时候,家中清贫,几乎没有吃鸡的记忆。母亲养在灶头的一只母鸡,有一天陪母亲去菜市场卖了,换成了晚饭的大米。后来,日子好过了,用鸡做的菜成了家常菜,变着法儿,五花八门,可是,入口后的滋味,仅留在嘴里,难以入心。儿子上了中学后,晚上要开家长会,我下班后,便在一条老街的鸡粥店点上一盘白斩鸡、一碗鸡汁粥、几个葱煎包匆匆果腹。浅黄皮色的白斩鸡蘸着调料,鲜香之味加上鸡肉的嫩滑,让我不忍快嚼快咽。过一段时间,我还会问儿子,什么时候再开家长会啊?这盘白斩鸡的形、色、味,沉于心底,久久不退。

有一阵子,我病了,中医说,鸡为发物,不可食用。家里的饭桌上不见鸡了,换成了鸭子和鸽子。那时,妻子的红烧卤鸭、笋干火腿老鸭煲、鸽子清汤频频上桌。我赞赏着妻子的厨艺,心中却仍想着那盘白斩鸡。

没了吃鸡的口福,却经常会想起与吃鸡有关的不少趣事。

那年从大兴安岭回家探亲,火车经过一个叫符离集的小站。知道有符离集烧鸡可买,车刚停稳,便拉开车窗,窜出窗口。在站台上的小货车旁,左手交钱,右手拿鸡,大妈只管收钱,鸡随便挑,我挑了两个大的，转身爬进车窗。刚一坐定，火车便动了。扯开包装一看，鸡也就比鸽子大一点，酱色、油亮，一咬，够香。与同伴一人一只，啃净。后来听说，此鸡也有当地一种鸟冒充的，故不大。那时，人饥，哪吃得出是鸟还是鸡？

多年前，我曾经任职部门的下属企业，引进"肯德基"，成立了一家合资公司。当年吃炸鸡腿、炸鸡翅，深感异国鸡味之奇特。几年后，有人说是"垃圾食品"，转念一想，是没有鸡肉本味的舌感呢。于是，那一幕又浮了上来：工商局办理注册的工作人员扬着头，严肃地问：肯德基是什么鸡？没说清楚么？企业员工一时语塞，只有讨好：开张时请你过来品尝！此兄只知中国鸡，不知外国"基"，在当时，也是情有可原。然而，他的"什么鸡"之问，终究没能阻止这个城市从此有了以调料和现炸诱人的外国"基"。他捍卫"本鸡"时的冷峻曾遭人诟病，现在想来，却让人生出一些同情。

父亲七十岁后，仍从上海去宁波神钟山墓地祭扫我的奶奶。回到三桥鲍家村我舅舅家吃晚饭，舅舅便会问：想吃索个宁波哦饭？父亲必答：我只要吃只白斩鸡！舅舅便笑：老宁波回乡怎么白斩鸡吃不厌！于是，舅妈就在院子外闲走的鸡群里抓个母鸡宰了。上桌的白斩鸡，肉中有血丝。我一直没问父亲，从小是在宁波乡下长大的，为什么不乘机吃一口宁波乡下菜，而好白斩鸡？

中医宣布我吃鸡解禁后，隔年春天，我和弟弟去神钟山给奶奶上坟。下山后，路过不远处由水库变成的风景区，在一家经营宁波家常菜的餐馆午餐。我们首点白斩鸡。上桌的白斩鸡，皮金黄，肉新白，皮肉之间有极薄的一层浅黄的油相连。入口一嚼，唇舌之间便有鲜香满腔，连鸡肋也是嫩润，不觉肉的粗紧。蘸的是最普通的酱油，舌感告诉我，这是我从未尝到过的鸡肉的原味。一桌人把一盘鸡，从翅、腿、肋到脖，光盘。

服务员过来说，这款白斩鸡是店里招牌菜，食客必点，有人吃了后，会专门邀人再来吃。因为我们的鸡是散养的，就在店后面的山上，从不喂饲料，就是为了让你们吃原汁原味的鸡。

满山坡散放着鸡？那一口滋味，还真让人不得不信。

我突然想起，父亲在舅舅家，为什么一定要吃白斩鸡了。同桌人有议：鸡生于天地之间，大地之精气养育着鸡之身、鸡之神。如硬将其束于一隅，喂以人工调配之食，鸡便无以积聚大自然赋予的精、气、神，其自身的元气会消散殆尽。人食之，便无味。

一位能在一分钟内宰鸡、褪毛、剖肚、切块、下锅的大厨告诉我，鸡与百姓的饮食最密切，因为饲养方便，随便一扔就能养活，不像鸭、鹅，要有水塘；菜鸽，要有屋棚。更重要的是，鸡的本真原味最好，超过任何禽类，无论鸭、鹅、鸽，总要有辅料调味，才能做出好的菜品。如有上品的鸡，最好就是做白斩鸡，原味入口，味之至。千百年来，此说未变。

那个流传了几百年的江南名菜"叫花童鸡"的故事，就是一个叫花子以泥土裹了全鸡烤熟后，靠那一股原始鲜香之气飘散至今的。去一家百年老店品尝"叫花童鸡"，除了着黑装的汉子端来菜时那一声吆喝、三句祝福颇有古意外，那鸡肉的味道，都被鸡肚里的蘑菇、木耳、仔排、葱姜等配料冲淡了。其实，是这款名菜用的鸡，与叫花子从野地里随手抓来的那只鸡，不能同日而语了。

我庆幸着品鸡口福的复归。不久前，听说远郊一农庄有散养鸡出售，按图索骥，坐地铁，转公交，问了十几个村民，步行近一小时，直走得妻子脚痛复发，才找到那家农庄。一位有着黑红脸膛的庄稼汉边称着褪了毛的鸡，边说：鸡踩田地壮实，人近山水滋润，吃了这黄皮鸡，你就近了山水啦！收了钱，又给我一张名片：以后再来先打电话。我说，凭了你这番话，我以后真还会再来。

回家路上，见荒田野草中有鸡群觅食。我想起了老街鸡粥店门楣上那只画着的鸡的肥腴模样，便跟妻说，过几天再去那条老街看看，不知道那家鸡粥店还开着没有？

吃鱼头

小时候，不知好歹，怕刺、怕腥，不喜欢吃鱼。长身体的时候，上山下乡，年节吃鱼，都盯着鱼身，谁爱吃鱼头啊！

直到好好过日子了，发现，妻子爱吃鱼头。初始，以为鱼身是让给丈夫、儿子吃。几年里，未悟。直至尝了清蒸鱼头骨的那一层滑膜，才知，那鲜味，是鱼身上的肉无法比拟的。

家里的餐桌，多了红烧鱼头、清蒸鱼头、鱼头浓汤。鱼头骨，仍由妻子包销。

家里吃了不过瘾，携妻找饭店吃鱼头去。

一家老字号餐厅的红烧鱼头，名为"乾隆鱼头"。至今未听说此菜与乾隆帝有染的民间故事。创制此菜的人颇有"野心"，起此菜名，就准备想弄一款名菜。

不过，此菜确有独到之处：鱼头浅浅地过油，辅料是七八块一厘米厚的寸宽豆腐，豆腐被塞入一颗小肉丸，放入油锅氽熟。然后，在鱼和豆腐里，放入酒、酱油、蒜头，用高汤焖煮。起锅前，放入绿的大蒜，红的尖椒，提味亮眼。你想，鱼、肉、豆腐，各自逞鲜，在高汤的沸煮中，你中有我，我中有你，互为渗透，互相融汇，最后的鱼头，是一种什么滋味？

这一款改造了的红烧鱼头，汤汁比传统的红烧要大，用的是胖头鱼。鱼嘴边的滑肉，黏附着骨头的滑膜，是鱼头中的精致美味。只是，这样烧法，吃到鱼头下厚厚的肉身，便有木呆之感，需靠汁水浸裹再食。

不久，邀两位男士去这家店品尝鱼头。那位正在减肥不食米饭的哥们，舌尖被鱼汤勾引，防线被彻底攻破，用黏稠的汤汁拌饭，连吃两碗。

要吃出鱼头的本味之鲜，还是清蒸为好。无论海里河中，即便是头小鱼身大的鲳鱼、鲫鱼、鳊鱼，或者是身长头也长的带鱼，都是如此。住处楼下开了家石浦直销鱼店后，去买了据称是野生的小黄鱼，一碗放了六七条清蒸，在妻子筷下抢了一只鱼头放入嘴里，清鲜之味，溢满舌唇。只是那款南北皆喜的"剁椒鱼头"，椒碎红眼，它的鱼头骨，却因为过于咸辣，失却了鱼鲜之本。喜欢点这款鱼的食客，多半是"辣乡"居民，或嗜辣新客，他们只是吃鱼头下的肉，过瘾一下那肉中的咸辣而已，不是真正好那一口鱼头骨。

江南城镇的大小餐馆，几乎都有用胖头鱼的鱼头炖出的"鱼头浓汤"。我们吃过城里"老字号"餐馆的"鱼头浓汤"，在鱼头汤里标配豆腐外，又加了蛋饺、鱼丸、火腿、香菇、青菜，偌大的汤盆，色彩鲜艳，颇引眼球，做成了一款餐厅的当家菜。我们也吃过小镇农家餐厅的"鱼头浓汤"，仅放了豆腐、笋片、青菜共炖。名餐馆的鱼头汤汁，加入过多辅料，已见杂味，隐了鱼鲜；农家餐厅的则鱼味清纯，那鱼的头骨滋味不破。问妻，哪款更鲜？她说，自然是存鱼本味的。辅料适当，能引鱼味之鲜；辅料过度，则鱼味被杂之于无形。

吃"鱼头浓汤"，都说味在骨里、鲜在汤里、渣在肉里。此言不虚。鱼头熬作汤，精华外泄于水，那一碗碗乳白的汤汁，让你欲罢不能。肉成渣，情理之中。

可是，我遇到了一次意外。

这是一家开了二十多年的餐馆，见我在菜单的"鱼头浓汤"旁打勾，服务员笑着提醒，这个菜时间会长一点，是现炖的。我心里踏实了，碰到了好厨师。告诉她，不急。过半小时了，服务员走近说，还有两分钟就好了。我仍然告诉她，不急。心里赞赏着她的适时禀报。

端上的真是一大盆乳白色的鱼头浓汤：鱼头沉没，汤面浮着几颗雪白的鱼丸，鱼丸之间，横卧着浅黄的大白菜心，寸块的豆腐与菜心做伴，盆面显着浅浅的雅致。一匙汤入口，醇厚的、浓浓的鲜，让口舌进入鱼鲜新境界。看不出汤里加了什么特殊的辅料。那么，就是炖煮的时间恰到好处、火候的大小恰到好处、咸淡的掌握恰到好处。更令人意外的还在于，鱼头骨下，那厚厚的鱼背脊肉，肉质鲜而嫩，绝无肉渣之感。

妻子一声不响，吃尽了头骨。骨头不沾肉末，不连滑膜，干净得几近剔透，馋猫见了，会白眼。服务员过来为妻子换了装满鱼骨的盘子。我问：这鱼头入味，加了什么东西？服务员笑答：没有啊。

孤老的豆腐

这个村庄在浙东南的大山深坳里。

是因为一锅臭豆腐，让我们七八个人坐进了村里这家餐厅。

诱人者说，村里有好几家餐厅，吃了这家的石锅臭豆腐，曾让他和一帮弟兄当了回头客。

至于么？

厚重的、黑色的石锅端来时，连一丝臭味也没有闻到，糊状的模样，如豆腐渣加水搅成。这让桌上所有人盯着的眼睛有了疑惑。

有人用勺子去拨开了糊面，才有隐隐的臭味飘出，这臭味，没有浓恶，连拒食臭豆腐的姐夫也微笑着欣然接受。奇的是，这臭里，还夹杂着无以言说的微微香气。是油香？不像。是豆香？不敢确认。

一勺放入嘴里，豆腐的嫩滑、鲜香被轻轻的咸辣引导出来，在舌腔内游荡。想来第二勺，要细细辨别，究竟是什么味觉让口感舒服。你一勺、我一勺，竟然见锅底了。这时，十五岁的女孩悄悄对妈妈说，想用臭豆腐拌饭。让妈妈吃了一惊，这可是个逢"臭"货就避的娇娇女啊。

姐夫见外孙女如此，乐了，举手朗声招呼服务员：再来一份石锅臭豆腐！

江南食客,都知道臭豆腐之臭是怎么来的。此时,这隐隐的香,要问在这臭豆腐里添加了什么作料,却谁也说不清了。我想起了一位大厨的话,一盘好菜,三分厨艺,七分食材。这家餐厅的豆腐来自哪里?

一打听,知道村里有一家豆腐作坊,坊主是一位老人。

第二天下午,我约了民宿主人走进了村里的小巷。曲里拐弯的巷道,两旁是石头垒起的矮屋,人无、狗卧。走近作坊的老屋,都未闻劳作的声响。

从低窄的门口看去,有佝偻的老头在昏黄的灯影下晃动。土灶,冒着热气。灶膛,燃着柴火,在暗里红得耀眼。散乱在泥地上的筐、桶、矮凳、长椅,把桌上竹匾里摆放齐整的豆腐干衬托得特别醒目,这是纯白色的方块豆腐干,城里卖的豆腐干都是淡酱色的,它却如一块压缩的嫩豆腐。

在村里辈分很高的民宿主人与老人搭话,他头也不回地"嗯嗯"了两声。我走近灶台去看锅里烧的什么,他瞬间把锅盖盖上了。

"他保密呢,不让外人看的。"民宿主人呵呵笑着。

"老哥,你的豆腐干咋这么白?城里见不到。"我套起近乎。

他扭头看我一眼:"城里的能和我比?"布满深沟皱纹的脸上,透着认真和一股倔劲。

"那你往城里卖,一定能有好价钱。"

"为啥往城里卖?村里还不够!外村也不卖!"

民宿主人告诉我,这老人一天没做多少豆腐,就供应着村里的一两家餐厅,另外就是走得近的七姨八姑向他买一些。

"老哥,你的豆腐好,大家喜欢,为啥不多做一些呢?"

他终于转身对着我俩:"就种了那么点豆子,再说,年龄大了,做不动了。少赚点怕啥,东西要好!"

"下次我来问你买,你可别不卖我。"我逗他。

"那得看东西有没有了。"仍然一派认真。

我一时无话。噎着了。

跨出门槛时,老人见我们要走,语调软了些:"到时候,让他跟我说一声,我给你留着。"他指了指民宿主人。

"谢谢老哥了!"我连忙向他拱手。

半路上,民宿主人聊起了这位老人的脾性。

他是个孤老,七十多了。靠做豆腐赚点小钱。矮屋内,前半间做豆腐,后小间自己睡。山坡上有他一片地。种豆、割豆、运输;磨浆、烧煮、点卤……全部一人完成。他不要帮手,怕坏了他的豆腐。他觉得要紧的几招,还常常防着外人偷看。老人常会绷着脸对向他讨教的人说,你吃着好就成,怎么做,我管着!

晚上,坐在民宿院子的树荫下闲聊。

"这样的豆腐,进了餐馆,做成什么菜都会让你觉得好吃。"

"这款石锅臭豆腐的厨师,连二分厨艺都有余了。"

"现在餐馆的菜,做得花俏,口感地道的不多,根子就在食材上。"

"如果老头不是孤寡一人,如果老头脾气没有这样倔,还会做出这样鲜香的豆腐吗?"

没人应答。会,还是不会,谁能说出一个道理来呢?

要早起做豆腐的孤独老人,这个点该已在他的小屋里安然入睡了。晚饭时,伴着黄灯孤影,他咪一点小酒了么?

寻甜"锡帮菜"

有人说,去无锡品尝锡帮菜,应该在这样的环境中:或太湖之滨,或里弄深巷,一座不大的老宅,丝竹轻音,墙置古画,着民国风服饰的侍女,静候门侧。诱得我好一阵疑惑。

这雅致的就餐环境,似乎与无锡菜的经典口味无涉。锡帮菜的甜,无须雅来衬托。江浙一带的菜品,要说甜,或隐或现,都有。无锡菜,则甜感最重。当地市井有传:"看着浓油赤酱,却是甜出头,咸收口。"此言道出了无锡菜最显著的特色。年轻时,在大兴安岭下乡,坐绿皮火车回上海探亲,火车停无锡站后,奔向站台上的小摊,买一包无锡酱排骨,拆开一入口,甜得发腻。从此领教,红烧排骨,可以这样甜得不知排骨是何物。从此,对无锡菜,甜,不仅留于口舌,也潜于脑海。

在无锡闹市区,走进一家餐馆,一位穿宽袖、斜襟、青色上装的女子迎客。墙上挂着旗袍摇扇仕女画,那把二胡置于白石绿竹图的一侧,江南之韵弥散厅堂。有点"诱"说的场景。可餐馆在大厦三楼,环视一圈,想起"湖边""弄巷",终究大相径庭。

点了无锡名菜"梁溪脆鳝""笋菇面筋",也点了家常菜"石锅豆腐""酸菜烩猪肚""小青菜炒百叶"。这个菜品组合,呈现了经典与日常。一尝,酱排骨式的腻甜之感已经退隐。浓油赤酱的"脆鳝"，主咸微甜，与杭、甬一带"响油鳝丝"的口感并无二致。豆腐经油氽，找不到甜了。猪肚加了酸菜，甜味哪敢渗入？至于小青菜百叶，是一款沪菜，过甜，会让上海厨师暗笑。

我看着颇有古意的深蓝粗布门帘上绣有"经典锡帮菜"几个白色大字，心里已悄悄在"经典"前加了个"非"字。无论环境与菜品，都仅仅是经典意味留痕而已了。

经典的锡帮菜会"躲"在哪里？我们决定，不再靠网上寻找，走街穿巷去。

那条巷内，正飘有古幡。走近，圆洞门、小天井，金鱼池中游，修竹三两枝，喜欢。看黑板上白粉笔写的菜谱，有"太湖芦苇根炒肉丝"。

服务员却推荐"三白"。我好奇的是芦苇根长啥样？可口否？至于"三白"，已食数次。曾在湖州太湖边品尝的白虾、白鱼、银鱼炒蛋，其鲜嫩，至今未忘。

上桌的芦苇根洁白、细圆，切成寸段，配了青椒丝同炒，缀以小红辣椒，清冽雅致。夹入嘴里，嫩而脆，那口清新和鲜爽，让人瞬间想象太湖岸边的芦苇荡漾。但是，无锡菜的甜感未留唇齿。是否此菜本不是无锡的传统菜肴，经典里的甜意，不必坚守？

"三白"也上了桌。白鱼晶亮闪光，入口，却觉得鱼身已被暴腌，入味咸了，少了先甜后咸的别致。白虾放了过多的水煮，不咸不甜，鲜味冲去大半。只是那盘银鱼炒鸡蛋，色泽淡雅，蛋与银鱼融合之鲜满于舌腔，实在是太湖之滨的绝顶美食。但是，这款菜，不能说无锡独有，环太湖的城镇，在银鱼上市时节，都有此菜供应。再说，此菜不显无锡菜口感之特。

难道,只有在无锡酱排骨里,去感受"锡帮菜"的经典口味?

餐厅里的无锡酱排骨,身价已经倍增。不以一盘出售,而是论块定价,一块15元,五块起售。这个曾充当零食小吃的酱排骨,摆起了大架子。进入厅堂后的身份,自然不能与火车站台上,简易匆忙的买卖相比了。

端上的酱排骨,寸方、酱红,底下衬着生菜的绿叶,品相上了档次。一入口,甜腻没了,亦咸亦甜,恰如江南一带家常红烧排骨的味道,那一股锡帮菜的甜腻之感淡至无影了。同桌的年轻人喜欢这咸而微甜的味道,说是与妈妈烧的红烧排骨一样。他们不知道经典无锡酱排骨的口感,没有绿皮火车上饿尝甜腻的特殊记忆。

甜腻,并非我的口舌之喜。那么,重尝经典锡帮菜的固执,是因为怀旧?江南一带,那些留在传说里的菜肴,为人津津乐道,挥之不去,大概也不仅仅是味蕾的作怪。

以酱排骨结束的"锡帮菜"寻找提醒我,不必纠结于口味的经典,即便已被定式的菜肴口感,也会随着消费的趋时而变化。火车上的酱排骨只能和绿皮火车一起,走进你渺漫的记忆了……

进山"讨饭"记

这里说的"讨饭",可不是乞丐拿着豁了口的破碗,走村穿巷上门要饭。

那年去莫干山,开车在蜿蜒的山道里找一家网上订的酒店,找到后,却只有住宿,没有饭吃。这时,已过饭点。兜着圈子再去找饭店,只见林木森森,山道空寂,就是不见村落,看不到饭馆。

突然,树梢后见有农家乐的店牌。一车人顿时振奋。车行屋前,树荫下孤零的一幢房子。我脑子跳出的意念是,必须在这里吃饭!

餐厅里,五六个长方桌都已坐满。同行小伙告诉我:老板说,没有菜了,请另找店家,神情十分冷漠。一伙人便准备离店回撤。

我没予理会——野岭一片,再去哪儿找吃食?从餐厅到厨房转了一圈,脑子里琢磨,要找个能说服老板的人。这时,见厨房外有两位大妈在说笑着洗菜,其中一位干净,开朗,还有点善良。

"大嫂,你是老板娘吧?"我心里明白,老板娘多半不会洗菜。

"哪里,我哪像老板娘。"她开心地笑着。旁边一个大妈说,她是老板的姐姐。

我心里一阵高兴!

"大嫂,我们刚从杭州赶来,你能留我们在这儿吃一顿吗?"

"我弟弟在管事呢。"她仍笑着。

"你去跟弟弟说一下吧,这前不着村,后不着店的,今天只能向你'讨饭'了。"

"哪能说讨饭!"我一示弱,她的同情心上来了。"你们有几个人?想要吃啥?"

"有啥就吃啥啊!'讨饭'的还能有讲究?"一句自嘲,让她乐了。

她在围裙上擦了擦手,转身进了厨房。

我们成了店里最后的客人。

刚才那位被老板所拒的小伙,现在有了饭吃,笑眯眯地调侃:你是怎么跟他们商量的,有点化腐朽为神奇的意思啊!

我怼了一句,你不知道啥叫"讨饭"!

去年大年三十,我们去了淳安县的一座古村。这座隐于深山的贫困山村,变成了一个山乡旅游地。年三十,这地方会咋样?

出发晚了一些,到了村里,已经是下午一点多,山里的村民,早吃过了午饭,都在准备年夜饭了。

又是一个要"讨饭"的时点!大年三十的午后,在重年俗的村落里,这个任务有点难了。上哪儿去"讨"?去村民家里?会干扰他们。而村里挂着饭店和民宿牌子的店家,都已关了门。谁也不想在今天再赚钱了。

什么叫讨饭无门?这时,真有点孤寂无望。

转了一圈回到村口,刚才还关着门的一家民宿,这时,门开了,门口停着一辆红色轿车,一位大伯拿着水管在洗车,旁边站着一对男女青年。这里有人住宿?我一阵欣喜。

径直走了进去。客厅侧门走出一位中年妇女,矮个,圆脸,温和地笑着看我,眼睛在问,你找谁啊?

我看到她的亲切,便直奔主题:"你这民宿住人,现在厨房还有饭吧?"

"这儿不住人了,儿子要回家过年,我们也是前几天刚从外地打工回来。"

我心里咯噔一下。但是,这村里再也没有吃饭的地方了:"打扰嫂子了,我们刚进村,饭店都关了门,大嫂能不能弄口饭给我们吃?"

大嫂露出了笑容:"大年三十,谁还开门挣钱?烧倒可以,就是没什么菜。"

一听这话,明白她家里的菜都要烧年夜饭用的。是婉拒?还是怕怠慢?只是,我没有疑虑的余地:"青菜豆腐,我们五个人,有啥就烧啥吧。"

"那好,电饭煲里有我们中午吃剩的饭,我去厨房烧几个菜来,你们先去房前河边走走。"

不一会儿,大嫂招呼起我们,端上了三菜一点:红烧鲫鱼、炒青菜、烩豆腐、煎米果(米果是当地过节时,每家都做的点心)。转身,又把条案上一盘吃剩的红烧肉也摆上了桌,上面积了一层很厚的油。

围吃在客堂的八仙桌边,瞟一眼葱郁的远山,心静身暖:终于没有在大年三十的下午,被冷落在山村的小路上。

吃完,妻子塞给大嫂300元。大嫂瞬间涨红了脸,说:不能收这么多的!妻子说:没有你留我们吃饭,我们要冻饿在村里了!大嫂丈夫也搭上了话：和我们一起吃年夜饭吧！

去村子蜿蜒的小巷里逛悠，家家厨房冒着热气。那位年近五十的"大叔"级同行者，边走边念叨米果里的馅好吃，轻描淡写地嘀咕：你怎么尽碰到好人呢？

我不禁冲口而出：出门在外，求人赏饭，得把自己放低一点；察人听言，更要应答入心。这样，才会处处有饭！

年轻时，曾听离开城里去农村老家久居的舅舅说：人活一世，踏山蹚水，走街穿巷，谁不会有几天"讨饭"的日子？几十年来，舅舅的这句话，时不时地让我琢磨。

草原三餐

我们入住公主湖畔的蒙古包里。已经租了三辆吉普车,明天,准备向乌兰布统草原的腹地进发。

早餐的餐厅就在湖边的大蒙古包内。坐在圆桌旁等上菜,从窗户看去,八月下旬的坝上草原,依然起伏着绿色。从公主湖吹来的风,却已经有了凉意。

内蒙大嫂端上了四碟凉菜:拌黄瓜、酱窝瓜丝、酸辣包心菜,还有一盘不知名的凉拌野菜。一盘白煮鸡蛋,一大盘馒头,一盆黄澄澄的小米粥。大嫂黑胖,咧着嘴笑:多吃点,馒头稀饭不够再添。

小米粥醇厚,黏黏的。凉菜,是浓重的酸、辣、咸,被醇黏的小米粥裹卷于舌间,正迎合了南方人喜欢的北方味。馒头不白净,不是精粉做的,大家却越发放心地往嘴里塞,嚼起来的韧劲刺激着食欲。那盘酸辣包心菜,调制得最入味,不多会儿便光盘。看着内蒙古大嫂朴实的笑,我便跑进厨房要她添一点,她仍笑着:馒头够啦?其实,另一同伴正端着空盘等着添馒头呢。

吉普车开始在草原上驰骋,茫茫草原,一望无际,只有牛羊在低头吃草。我们知道午饭是野餐,怎么吃、吃什么,一概不知。

中午时分,三辆吉普停在了一片白桦林前。原来,三个年轻的蒙古族司机已经带上了烤炉、木炭，也买了食材和调料。支起烤炉，烧红木炭，把买来的鸡翅、羊肉串、鱼干、土豆、茄子、馒头都摆在了网格上。小朋友忙着放风筝、踢足球，大人围了上去，跟三位内蒙青年学起了烧烤。

有人摇扇子，有人加调料，有人叫着，羊肉串谁要？有人回说，我要烤茄子！我学会了，馒头片烤到半途，要涂上食用油，这样吃起来更香脆。啤酒瓶已经打开，年轻人举起酒瓶开始碰撞。三位司机边烤着鸡翅，边喝着啤酒，草原没警察查酒驾，敞开喝吧。妈妈叫着孩子回来吃饭，孩子却看到一群羊，追赶了起来。

热热闹闹、你喊我叫、开心敞怀。草原茫茫无垠，天地之间就我们十几个人。这才是野地之餐，这才是天地之食。我们与大草原融合在一起，我们是自然之子。在白桦树林浓郁的荫蓊里，每个人都感觉到大自然的庇护：安宁、松弛、闲适。

野餐从来不是为了吃饱，就是为了感受野地用餐的自然意境。东西吃完，炉火熄灭。那三个司机拿起塑料袋，弯腰捡起了垃圾。每个人都跟着捡起碎骨、纸片、包装袋，乃至串起羊肉的竹针。有人问，这里没人看到，捡它干吗？一司机说，我们靠这草原过日子！把草原毁了，我们日子也毁了。多实在的话！怪不得这经常有人野餐的白桦林，就像没人来过一样，保持着原始的状态。

晚餐时，来到了乌兰布统乡所在地。小街两边的饭店游客盈门。我们找了家当地食客多的小饭馆，心想着，受当地人信任的饭店不会差到哪儿去。小饭馆门口，支起两个大铁桶，青烟袅袅，在现烤羊腿，挂在铁杆上的黑红羊腿，香气扑鼻。小饭馆内，喝白酒的内蒙汉子，扯着嗓门喧哗，酒气、烟气、火锅的热气，搅得人与人之间，一片迷蒙。

围坐一个圆桌。有人去门口买了一只烤羊腿，又点了蘑菇鸡肉、野菜小炒、草原当令的各样蔬菜，一桌子的草原味道。那一盆切好的羊腿端上时，香气四溢，送进嘴里，绝无膻气，只感到嫩、鲜、香、辣，连从不吃羊肉的孩子也啃着羊骨，一脸油腻。我想起那位司机在草原上跟我说的话，你看咱草原上的羊，吃的是天然的草，一只羊就可卖两三千元。

这里的名点叫莜面栲栳栳，上桌时，似一笼蜂窝。莜面产于内蒙古和山西，小店这款点心，食用时需蘸调料。那调料不知用什么调制，呈酱色，一尝，极鲜。

我们在一屋子粗犷的食客中，成了斯文的异族。当我们与邻桌告别时，他们高高举起了酒杯，满脸兴奋。吃完出门，还围着那两个铁桶前看了好一阵子，再闻闻那烤羊肉飘忽的香气。

今天，草原喂养了我们。也许，这一天，会营养我们半辈子。

邂逅庄园菜

曾经想，如能无意间闯入一处庄园，那里田野开阔、水塘鱼游、树荫农舍，还能吃上一顿农庄食材做出的饭菜，那就犹如入梦了。

不久前，还真碰上了这样的机缘。

开车行游至太湖。正是下午，骄阳当头，忽见前面树下有一庄园牌子，便匆匆寻迹而去。进了庄园，菜田碧绿、鸡鸭闲散，还有一湾水池，呈现在眼前的，是一派田园景象。

行走庄园小道，游者几无，四周静谧，只有池边有垂钓者在阳光下盯着水面。从林间走出一中年妇女，衬衣花裙，闲情悠步，举着相机取景，不大像急匆匆的游客。一问，正是庄园主人。

于是，有了话题：天天在此，怎么还没看够、拍够？

是啊！我喜欢这里的景致，时时不同，光线一变，便又有不同画面。

我心里叫好，一位对美景敏感的庄园主，大体善心未泯。便脱口问道：这里晚上有吃饭吗？

有！语气中拖着音，我这里有自己养的鸡鸭，池里还有鱼，蔬菜更不用说了，绝对的有机食品。

你这里游客不多，怎么维持经营？

我们开着厂,建这农庄,是为自己,也为一些朋友可来此休闲静心。有游客来玩,也接待,但赚不了钱,每年要贴二三十万。我先生读的理工科,厂里的产品有为飞船用的,先生还和女宇航员有合影呢。

说起先生,她眼中透出满足。我心里已定下要在这里吃晚饭。看看这一对有文化、有事业的庄园主夫妇能端出什么饭菜来。

先生过来了,一位壮实的近视眼。说起庄园,呈得意之色:租了地后,花一百多万元整地、挖池、修屋、建棚,我这里鸡鸭吃的不是饲料,下的蛋都说好吃,晚上尝尝。

坐到了装修简单的包厢,送上的菜单是打印的白纸。真不像专搞经营的做派。女主人说,要吃有地方特点,有庄园特色的菜,烹饪方法是地方的,食材尽量选庄园里的。

最先端上的是一盘蚕豆,由青瓷圆盘装着,盘不大,却不浅,暗青的蚕豆颗颗饱满,看似用油浅翻,煮熟后,撒以小葱,入嘴既香又糯。有人快言,这是我吃到的最好吃的乡村蚕豆。

服务员大妈说,刚宰的鸡正煮着,别急哦!

桌上有人抢着说,不急、不急。我心里想的是,只要是活宰活杀,我们不怕等。

鱼是一条红烧大鲫鱼,一排整齐的小葱盖在鱼上,像给鱼盖了绿被,鱼肉鲜嫩,是池中捞起后,养在大缸里的。螺蛳刚剪尾,吃不出泥土味,估摸从水塘中捞起,也养着。青菜现割,西红柿现摘。正吃着、议着,大妈端上一盘没见过的东西,既像菜又像点心:一个硕大的碗,上面覆盖着一层油煎的黄黄的鸡蛋皮,挑破蛋皮,下面是满满的水饺,个大馅鼓,不是速冻半成品。蛋皮入口,长久未有的蛋的鲜香重现了,绝不是平日市场里鸡蛋的木呆的味感。桌上有七旬老人说,这就是家养鸡蛋的味道。有人应和,向老板买几斤带回!现在回想起来,这款菜点的名字已经忘了,但蛋的香味仍留存于舌齿之间。

最后上的大菜便是整鸡炖汤,鸡皮泛黄,鸡汤清爽,就如小时候母亲炖的鸡汤,不用任何辅料,只是汤面浮着点点晶亮的油,汤汁清纯透彻。桌上的年轻妈妈,便催着女儿喝汤。孩子的嘴是最"刁"、最纯的,觉着鸡汤鲜,便连喝了三小碗。炖鸡汤,是当年"农家乐"引诱城里人的招牌,现在,大多"农家乐"餐厅无法供应自家散养的鸡,农家菜肴的意味便没了大半。

账台旁的男主人硬是拉我去看他与女宇航员的合影照片。我跟着进了卧室,大幅的彩照中,他的笑容畅怀。我戏言,你应该把照片挂在大堂,炫耀一下你这个老板。他微微一笑:这不需要了,希望你有机会再来。

邂逅,只是偶遇,从此便相忘于江湖。我希望这个隐于村落的庄园长在。庄园主人不以贵族炫富,只是钟情于田园,有田种菜、有池养鱼、有棚栏禽,还因了他们的志趣、良知,让庄园里飘散出真正的农家菜香……

小巷里，那些安分的餐店

杭州的老城，小巷纵横，世俗生活的印迹，在深巷窄弄间漫洇、铺展开去。

那天，入一高墙深弄，静谧无人。忽见白墙中木门半开，板黑框狭，门边镶一块两尺见宽的店牌。进入，天井后的老式房子用作餐厅，高深宽敞，桌椅之间，绿叶扶疏，生机流溢。

服务员个个着乡间印花蓝布衣裳，一脸笑容请坐倒茶，朴实而温和。深巷、白墙、老屋、村姑，恍入古村大宅。

对坐两人，点菜三款。那款鲈鱼，不知是蒸熟，还是水里漂氽，鱼体鲜亮，汁水澄白，上缀红椒丝、绿香菜、几片淡黄的柠檬。一尝，肉极滑嫩，味鲜浸舌。所吃鲈鱼中，这款烧法出新，色泽也丽。记得一位老店厨友曾说，家常菜能烧出与众不同，可见功力。

邻席，入座两位北方妇女。上桌的菜品，清鲜雅洁，尽显江南秀气。与她们搭话：杭州菜好吃吗？一位开心地应说：去年出差来这里尝了，念想着，今年与妹妹过来玩，领她也来尝尝。

与她打趣：游赏西湖之美，还能来小巷寻菜，老板知道会向你们鞠躬。

山前，有一旧巷蜿蜒，传闻弄内有一小店，菜式不多，食材上乘,口感原味。

远远看到那条小巷,屋宇旧陋,街面坑洼,饭店牌匾倒是醒目。进里面,小院整洁,卡座三五,静闲怡人。农家小妹一沓白纸一支笔,脆声推荐:这里最好的菜是白斩鸡和红烧大肠。鸡在山坡散养,猪肠洗得干净。

白斩鸡端上,皮色黄亮,肉白渗血。调料,是一碟酱油,很自信地要让我们尝鸡的本味。连皮带肉送入口中,嫩、鲜、香、滑,在舌腔间翻转。此味,与菜场买回的,与闹市餐厅吃到的,大相径庭。"闹市鸡"是饲料喂大,肉柴有渣。有喻,"如同鸡肋,嚼之无味,弃之可惜",尽出此鸡。眼前这盘白斩鸡,鸡肋也鲜嫩,山野精气,潜入骨肉之深。

那款红烧大肠,浓油赤酱,缀撒小葱,香气四溢。入口,烂熟糯酥,有油嫩之香,无臊恶之闻。洗大肠需用盐或面粉,反复翻转搓揉,是个力气活,也检测着你的诚心。异味不尽除,再好的烹饪技艺,也会让厨师难堪。服务员见我们嚼出喜色,上前添话:陋巷小店,想靠此菜亮名,是我们老板亲洗大肠,老板娘精心烹制。

这样的菜品,犹如私房菜了。

与老板聊,你家小店,处陋巷之深,何以名远?他笑答,菜好吃啊,再有网络助力。眉宇之间,透着喜气。

餐馆如此安于小巷,没想到,一家旧弄窄巷内的点心店,也是如此。

店处城南老巷内,卖生煎馒头,成了网红。周边的居民、大楼里的白领,争相品尝。城北的大叔阿姨、老伯大妈,也坐地铁、公交赶去一享口福。

那天到店时，上午 10 点多，是早点与午饭之间的空当，厅堂已座无虚席。站立一旁，看一盘生煎馒头，竟有几十个，个个仅比葡萄略大，一口一个，好比从小吃到大的生煎馒头下的崽。好奇，东张西望一番，小店屋窄，厨房在二楼，一师傅正双手端着平底黑锅，转身下得梯来。发货处，见那锅面被小生煎排得密麻，如巨型蜂窝。取货者纷纷唤：我 50 只！我 100 只！

把一只小崽生煎送入口中，想辨别的是，这新款，新在何处？个头小，肉不少，有汤汁，皮却薄，肉馅的油香，馒头皮的焦酥，搭配得恰好，在舌齿之间，搅成了一团鲜美之物。再喝上一口那必不可少的牛肉粉丝汤，百姓之谓"落胃"，无出其右。

一算，吃二十几只与吃原来的几只，价格未高多少。那么，他们为何要做这等麻烦之事？

想来，还是因为，店家开在深巷之故。

"店处闹市不愁客"，这是商家自得之语。店开小巷，想引客入店，只有动脑变法，使自己的菜点之香飘出小巷。

即便有网络将你推至与闹市餐馆同屏，如无诱人菜点，那些"低头族"仍无意入小巷之深。有特色的菜式和点心，出自小街陋巷，该是"压"出来的精品。这一"压"，便有了安分。于是，不躁不闹地藏于深巷，以巧思、精烹，供独家之肴，诱你闻香入巷。

闲走巷弄，曲里拐弯中，也让你发现，市井的气息，于温煦平和里，悄悄地多了别样的生动……

从厨房跑向菜场

烧出一只好菜,究竟是灶上功夫,还是食材的对路和品质?各路大厨有不同高论。

妻子卧床疗伤。我入厨房第一压力,就是如何能让青菜、豆腐、鸡蛋变成清炒青菜、红烧豆腐、番茄炒蛋。需要的是"十分"手艺。几天下来,菜成型了。味道如何?妻子不言语。这些菜的食材,是从菜场里匆忙"扫"来的,不问价格、不懂应季。听说,这样的采购男,菜贩大妈"喜欢"。

过了几天,"野心"上来了,不甘心仅仅这三个菜,即便已经加上了清蒸鲫鱼和盐水河虾。

有人建议烧一只"烂糊肉丝"。这让我想起自己童年的餐桌。这只普通的上海菜,是母亲常常烧给我们吃的。只记得是肉丝和大白菜丝混烧,有薄薄的勾芡,味道极鲜,也很下饭。杭州人家,一般不烧此菜。

我已不记得母亲烧此菜的烹制程序,似乎过程并不复杂。我信心满满地要复制一只,让病中的妻子尝尝新的口味。

家中正有大白菜的菜心,自认为,这个菜,要有好的口感,有赖于大白菜的鲜嫩;又自以为是地从冰箱里取出一家餐馆的半成品肉丝。我的烹制过程如下:先将肉丝翻炒至半熟,盛起备用;再重新倒油,将切成丝的大白菜入锅翻炒至瘪;将肉丝一起倒入,稍加水,焖煮几分钟;见熟,放盐、勾芡,起锅时,撒小葱一把。

上桌品尝,却没有儿时的味道,不仅没有鲜味留舌,连肉丝的香味也没有嚼出来。顿时,失败感弥漫于心。

问题出在哪里?我拒绝承认,是儿时清贫,一尝到肉,便记忆一生的说法。制作程序没什么可挑剔的,那就从食材找毛病。大白菜心,鲜嫩,不能怪罪;肉丝,尽管是名店所制半成品,却是用淀粉拌过。我突然想到,这被淀粉包裹过的肉丝,与白菜丝共煮,肉的香味无以外溢?找出半成品,包装盒上写的,除了淀粉,还有鸡蛋、白砂糖、酵母抽提物、香辛料、碳酸氢钠等食品添加剂,如此多的外物将肉丝裹围,肉丝还能与白菜综合出新的滋味?像琢磨出一个真理,有一种抓住要害症结的爽快。

第二天,我直奔菜场肉摊,买了一块精瘦猪肉,回家切丝,略施芡粉,与留剩的大白菜心,再做了一次。终于,儿时的味道回来了,是肉的鲜香与菜的清嫩融汇在一起的"烂糊肉丝",是那个岁月的味道。

有人又指点我,你可以再做一道肉丝豆腐羹。我是知道这个菜的,小时候母亲也常做给我们吃。后来去餐馆,凡菜单上有这款菜,便点。可惜,很多餐馆,已无此菜供应。其实,家里也不常做此菜了。

也仅两种食材,肉丝、豆腐。无疑,肉丝要买瘦肉自切,另买内酯豆腐一盒。做法也简单,肉丝翻炒后,加入切成小块的豆腐,加水,煮几分钟,勾芡,装碗前,一把小葱。第一次又失败了,水放太多,成了肉丝豆腐汤。几天后再烧,稍加一点水,成了。可是,入口的味道总与小时候有异,与餐馆吃的也不一样。

请教一位居家男厨,他说,你这款内酯豆腐,太嫩,不宜做此菜,要选蛋白质含量高的,吃起来略感厚实的豆腐。

又是食材问题！我相信他的分析。再去菜场，咨询"豆腐西施"，选了一盒蛋白指标高的豆腐。回来再做，果然，念想着的肉丝豆腐羹出现了，口感堪比餐馆。

厨房新手，两次操弄，都因食材而反复，让我深知，即便一款极简单的菜，要成功，食材也至关重要。厨房直通着菜场，菜场与田地相连，四季晴雨、夜露昼阳，化为精气，潜入菜蔬禽畜。想在灶头上颠翻显技，没有对食材的认识，别想做出如意的菜肴。

菜场里那些天天买菜的大伯、大妈成了我请教的对象。三月初春，菜心上市，矮脚青菜还没有退场。问曾经是菜农的一位大伯，该吃哪种青菜？大伯说，这个时令，矮脚青菜喂猪，猪也不愿吃了。学问大着了。

曾闻京城收藏家王世襄先生晚年宴客前，总要提着菜篮去北京郊区采购菜蔬。他说，没有这个地方的食材做不出我的菜。刚听说时，觉得老先生有点虚玄，现在知道，王老远走京郊，应有多年烹饪经验，几只自己的拿手菜要有好食材才能翻炒成功的。

最近，读台湾小说家、美食家王宣一女士的《国宴与家宴》一书，其中讲到她母亲有一款红烧牛肉，让一位年轻食客九旬后仍难以忘怀。母亲年迈后，嘱其去菜场买牛肉，详细告知，应去哪个摊位、需要的牛肉摆放在摊位中哪个位置、买牛肉中的哪两个部位、两个部位的比例应是多少。这位三年前去世的女儿曾感慨地说，我的烹饪美誉是复制母亲的菜获得的，而我体会最深的，是母亲对食材的讲究和她在采购时的一丝不苟。

烹饪技艺精深无涯。我尚属家厨新手，要烧出好菜，自然还得从厨技起步。尽管如此，知道食材重要后，有时从菜场回到厨房，会心有侥幸："鱼鲜不用姜酒"，灶上的活，可以蒙混过关了。

办酒席易，炒青菜难

有人问一位厨师：你能办什么酒席呢？已经七十多岁的厨师回答：办酒席容易，炒青菜难。

问的人是徐悲鸿，回答的厨师，当时正任徐悲鸿的模特儿。徐悲鸿听到这样的回答，敬言之：是谓道也！

自然，厨师老了去当模特，不是因青菜难炒所致。人老以衰，掌勺的活儿已经难以胜任。但是，厨师七十而叹青菜难炒，却是集一生经验的箴言。在他眼里，办酒席是花花事，而炒青菜是基本功、真功夫。一盘青菜上桌，颜色、生熟、味道，把厨师对食材选择、火候掌握、用油和时间的讲究，都显露了出来。而且，青菜四季不相同，炒法如何微调，也显功力。

中国食材采用炒的厨艺，始于宋代。宋朝的《东京梦华录》有炒菜的记载，炒羊、炒兔、炒肺等。炒青菜不入史籍，可看出对炒青菜这样的家常厨技，史家也不以为然。只有精到的厨子，才真正从实践中感悟，能炒出一盘好青菜，才是好厨师。

七十厨师出真知。其实从技之人，从艺之师，有很多从业的感悟是相通的。一朝成事，有多少寒暑相陪？如果没有实践积累，便难以有一见之得。

朋友中，有两个五十挂零的中年人向一位已过八旬的制壶老人学艺。老人反复教导要练好基本功，从打泥条、绞坯到进窑烧制，一招一式都要练到家，不惜花费时间。两中年学徒，一人下笨功，在反复练习中领悟师傅教诲，在领悟中再实践，一步一步得师傅真传；一人却心中着急，人过五十，想快成事。基础不固便想创新，把壶做得很时尚，却处处露出基本功的漏洞。几年后，下笨功者终受老人所托，得以继承；奔时尚者，被老人摔了好几个壶，终要回头再打基础。

不久前，与八旬制壶高师说起办酒席易，炒青菜难的话。不料，获老人深切同感。他认真严肃地朗声道：这与制壶一样，基本功一定要扎实，怕苦做不好壶！两位朋友都说师傅性格倔强，不知他们明白否，这种倔强，是源于他曾经的学艺之苦，源于他深知成事于苦的不易。

可见，从徐悲鸿到制壶老人，他们对青菜难炒的话表达出的敬意，尽管已时隔几十年，却仍互为感应。这让我们知道，心向技艺之美，行需沉寂于苦的道理。

然而，在人的成长过程中，要听懂"青菜难炒"之类的话，还真不是一件容易的事。理解其真知要义，非得在有了一定的生活经历之后。

小时候，父亲领着去理发店，曾听到理发师与父亲聊天，说理好一个平头是最难的。回家路上，父亲便借题发挥，说基本功如何重要，就像理发师理好一个平头，这基本功不是一天两天的事。当时，根本不理解这样的话。直到自己工作后，与理发行业相熟，才知道理发技术的精湛，是该从哪里起步的，便对业中平头理得好的师傅十分尊敬。

其实，基本功是技艺成熟的起始，这不过是业界常理。即使听懂了、理解了，实行起来仍大不易。就因为这不易，那些技匠艺师便有了铭心之感，还要常告诫子弟，实践于行，得有股傻劲、狠劲，不为名利所诱，不为成功所惑，一意而孤行。

由此，还想到，那些不知就里的孩子，让他们学童子功，该如何循循善诱？诱之不通，是强逼，还是放弃？真是一件难事。功之不实，成则空惶。这对宠爱着也期望着孩子的父母，是一个多么大的考验？不知道徐悲鸿和他的模特儿，以及那位制壶老人，他们懂得"青菜难炒"的年岁是何时？

徐悲鸿以"道"一字，高评自己的模特，可见他对从业基本功的感受之深。甘于在"炒青菜"中实践，不断感悟技艺的要义、规律，淡于苦乐，沉于修炼，便不愁当不了大师。

深谙此"道"者，才有大道可行。

从七星酒店到沙漠野餐

迪拜那座外形如一叶白帆的酒店,号称七星酒店,其奢华程度,曾顶尖于世界。而迪拜城外就是浩瀚无边的沙漠。我们在迪拜时,曾进入七星酒店用餐,而后,又去山峦般的沙漠腹地野炊。如同从宫殿到野地的一次巡游。

迪拜以奇特的建筑著称于世,让人从这些建筑中看到这个国家的富有和技术的先进。我远远地眺望这座浮于海中的"白帆"时,暗暗惊奇迪拜人的想象力。

每人花 100 美元去吃酒店的自助餐。进入酒店的自助餐厅要穿过一个很大的过厅,大厅晶亮的大理石地砖泛着光,墙上、棚顶极尽豪华的装饰,既显示出阿拉伯风格,又有富豪式的炫耀。餐厅设计独具匠心,没有国内自助式餐厅的一览无余,海鲜、热菜、点心、冷饮,既连接,又有区隔。同行者都把眼睛盯着海鲜,标以北海道的海蟹,与我在北海道吃的一样,有粗而长的蟹脚,生蚝肥大,三文鱼片鲜嫩,还有众多不知名的贝类。据说,这里有五大洲最具特色的菜点,旅游者可以品尝世界名品,也可以回味家乡的美食。椅子都铺着红丝绒,坐着软软的。墙上挂着阿拉伯特色的挂毯。餐盘的花纹涂着金色。服务员是一色的阿拉伯中年男人,浓眉大眼,笑容可掬,食客的任何一个举动都会有恰如其分的回应,让你舒适。

同行中一些女客光吃海鲜就饱了，看到这么多色彩缤纷、奇异美观的冰淇淋，心有不甘，先坐着看海景，等胃有了些许的空隙，再慢慢地走向冰淇淋。至于那些形态各异的小西点，只能放弃了。而男人们，则敞开着胃喝啤酒。也有人拿起相机开始"采风"。精明的同行说，这100美元，值！尽管吃到肚里的没有100美元的食品，但是，都是世界各地的精品，肚饱加眼饱，美食加美景，就超过了这价格！

如果不是下午要去沙漠冲沙，他们眼望海景，口抿咖啡，真不知想捱坐到何时。

在迪拜的沙漠里冲沙，是一次惊险的游玩。我们坐在巴基斯坦小伙开的日本吉普车上，任由他在沙山上蹿下冲，有时还斜开在沙坡上，犹如杂技演员在巨大的木桶中贴着桶边开车，一阵阵惊吓，带来一阵阵惊叫，抓着铁杆的手都攥出了汗水。

带着这样惊悚的余波，去沙漠的平缓处享用晚餐，有点心不在焉。好在这时，夕阳正下垂，骆驼也远归，走近的叮当声带来傍晚的安宁，让你激荡着、跳跃着的心逐渐平静起来。

走近用餐处，只见铺着暗红色绣花边的地毯上，摆放着矮桌，围着桌边的是没有脚的沙发，陈旧而破裂。想必是让我们盘腿坐在这无脚的沙发上。沙发背后就是沙坡了，我们似乎陷于沙山的谷地。桌面上、沙发上都散落着沙粒。心中暗暗叫起苦来：这是吃饭的地儿吗？一阵风吹来，还不是成沙菜、沙饭？还可能把桌子、沙发埋了？

菜端来了，有烤肉，不知啥肉；有干鱼，不知啥鱼；有炖得很糊的汤，里面不知放了啥东西；还有叫不出名的炒菜，烂烂的，不识面目。只有放在大盆里的饼，似乎与电视上见到的阿拉伯人吃的饼相仿，大大的、烘烤出来的，因为已冷，没有一丝烘烤食物的香气。

所有的人都愣住了，站在那儿，不动。这怎么入口啊？直至有人说，先坐下吧。大家才入座这无脚的沙发，把腿盘了起来。看这一盘盘菜上，已有沙粒跌落。这下，更没人想动筷子了。那就只能啃饼。有人笑言：权当是一次沙漠夕阳啃饼晚餐。于是，一只硕大的饼，被撕分，干啃，这里没有白开水。所有的菜，都在别处烧好运来，不会运白开水。沙漠晚餐，重在感受，爱吃不吃。感受了，就是一次新的旅游经历。

面对夕阳、听着驼铃、在沙山的起伏间啃着干饼。有人不是说，旅游，就是感受异乡的不同之处？这画面，是中国的江南旅人无法在家乡进入的，在这里，见了，感受了，就不虚此行了。至于不敢吃，正反映了沙漠菜品与你日常餐饮的差异。也让人看出，我们还正是一帮不够格的旅行者，达不到人在异乡畅吃异食，中外粗细都接受的境地。

七星酒店是豪餐，沙漠进食是野炊，旅行游览，哪里会都是豪餐？记起了一位旅行家的话：旅行如人生。有华灯大道，也有荒芜小径，让你感受人生的丰富。这样想着，经历沙漠野炊便成了一件幸事。

在越南吃红烧肉

没想到,在越南,吃了越南菜后,还是那款最家常的红烧肉口齿留香,回味无穷。

那天,游览了岘港巴拿山后,在山下的餐馆吃越南火锅,菜式和吃法都与中国无异,只是在用餐过程中上了几盘热菜,其中就有红烧肉。

见到红烧肉上桌,正喝着啤酒,涮着牛肉、鱼片、白菜的同伴,没顾上正视一眼,让这盘红烧肉在桌上孤独了很久。只是端起了白米饭,要找下饭的菜,才把筷子伸向了这盘红烧肉,还有点勉为其难的意思。

红烧肉在嘴里嚼动时,舌感的香、糯、鲜一下子使好几位吃客同时发声:这越南红烧肉真香唉!和国内的不一样。于是,就有了七嘴八舌:这香,好像是肉本身的味;国内的红烧肉都是调料的味;可能吃的好饲料呢?不会是与国内猪种不一样吧?

于是,大家关注起了已经吃了一半的红烧肉的"尊容":块状的大小,与国内家里烧的一样;颜色不见红油赤酱,瘦肉红得不深,肥肉几近白色,一点不讨好见肥就停筷的食客;而肉皮,是比瘦肉更浅一点的红色。没有辅料搭配,也没放葱姜点缀。这副容貌,国内的主妇们会认为是一款不成功的红烧肉。如去餐馆,会因其色不诱而远之。

餐桌讨论形成的共识有两条，一是猪的种好；二是吃的饲料好。而饲料好，会涉及农业的生态，粮食生产的化肥使用等。同行中有好探究的人说，我们几天旅游，无从知道越南猪种与中国猪种的差别。而农业的生态环境，我们车行农村时，是否能从风光中看到一二？

自己给自己出了道难题，窗外一掠而过的风景怎么会提供这样的答案？

第二天去玩会安古城。这座列入世界文化遗产的古城，被包围于大片田地之中。当我们的车穿过一片稻田时，看到一幅极妙的景色：绿得发亮的水稻田，一望无际，几十只不知名的雪白的、高脚的鸟，悠闲地在稻田间踱步，有的伸脖仰头，有的低头觅食。近处，还有一湾清澈的河水流过。有人振振有词：如果这水稻田撒了化肥，绝不会有这么多鸟过来。他们的粮食这样种，饲料也一定不会用药，吃这种饲料的猪肉自然就香。

有人赞同，也有人质疑。车厢里又展开了一番讨论。红烧肉，使这次旅游有了点"学术研究"的气氛。

离开岘港去机场是下午 2 点 30 分。最后一天晚上，有人建议，明天中午自己烧饭，做一次红烧肉，看看这越南红烧肉，究竟是肉好，还是他们有什么烹饪秘诀。

原定上午的游览项目为了红烧肉而取消了。一行人兵分两路，一路将别墅内配备的锅碗瓢盆全部找出来、洗净；另一路打的去超市买菜，重点是猪肉、酱油、料酒、糖、姜。到了超市，不懂越文，其他东西可视形而取，"料酒"一说努力与服务员比画，只是枉然。最后只能买瓶白酒当料酒。

自告奋勇的大厨对电磁炉操作不熟,先烧其他菜尝试探路,在掌握电磁炉操作后,最后做红烧肉,尽量避免因对炉子掌控不好而影响红烧肉质量。烧制步骤与在家里一样,先用油翻炒,再加酱油、料酒、姜、糖焖煮。因为无黄酒作料酒,白酒不能多加,无奈,只能多放一点酱油,又添加了一点水,把电磁炉调至小档。大厨在炉边说出自己的担忧:酱油不知浓浅,更不知越南有生抽一说,最后的颜色、咸淡只能凭感觉了。

开锅装盘时,香气飘散了整个厨房,一直香到了餐厅。此菜一上桌,每个人的筷子都先朝红烧肉伸去,肉色比越南餐馆吃到的还淡一些,但是,吃到嘴里,仍是香鲜满口,瘦肉嫩、肥肉糯。大厨权威发言:这就是肉好,尽管没有好酱油、好料酒,照样吃出满口肉香,食材是根本啊。

没有哪一次旅游,会因为红烧肉而如此"扰乱"我们。

第 八 辑

常识在上

久病,生活简单。于是经常想到生活和伦理常识对人的重要。

懂得常识是保证一个人基本生活的起码要求,也是人能够享受生活的人文基础。忘记常识不是智力出了问题,便是神经系统出现了紊乱。

"文革"的时候,我读初中。校长是位五十多岁未婚的女基督徒。有次她说了句,我不怕死,但我怕脏。结果,招致一顿批判。已经被搞乱了思维的学生们认真地认为,一个连脏都怕的人,怎么可能不怕死?现在,那些该老去了的当年的学生们会知道,一位女性知识分子讲卫生,见不得脏,这是人之常情。何况,校长还是位基督徒。

后来,整个社会都乱了。父子反目,夫妻相斗,比比皆是。子女之孝,父母之爱,都遭遇破坏。连与吃饭相关的话题,都有了错乱的表述:宁要社会主义的草,不要资本主义的苗。

在常识被颠倒、抛弃的时候,我有幸听到过两位智者的话:

"这个现象不会长的,因为他们把生活常识都抛弃了。"

"人性被泯灭了,常识被颠倒了,这就快走到尽头了。"

这是两位饱经沧桑的老人。前者是位没有多少文化的工人,后者则在上世纪四十年代上海的大学里当过教授。在动乱的时代,他们没有想过趁乱去获得什么利益,而是沉着地坚守着自己清贫的生活。

多少年之后,我想起他们,仍然怀着深深的敬意。他们让我知道,常识是能支撑人精神的脊梁,能坚定人们对生活的信念,而且,还是判别一个社会是否进步的最公正的标准。如果一个社会连常识都颠倒和抹杀,那么这个社会就不能信任了。

真正感受到常识回归的,是听到一位坚定而睿智的政治家的话。他说,把人民的生活搞成这样,这样的教条还有什么用?从此,人们似乎又一次知道,人的吃饭、穿衣比什么都重要;父慈子孝、夫妻和谐是人间乐事。这是与人的生命相连最紧密、须臾不能离开的东西,比什么主义都重要啊。

那次住院,邻床六十岁开外的老周身患癌症,他九十二岁同龄的父母来看他。来之前老周告诉我,父母并不知道他的病状。两老一颤一颤地进病房,老母亲还没在床边坐定,就上前一把抱住了自己的儿子:妈想你,早点回家啊!老周泪光闪闪,连连点头:快了,再过几天我就回家了。整个病房的人无不动容。

我为老周感到庆幸。有几位年过花甲之人还能享受到父母的关爱亲情?原来老周长年与父母在一起,服侍父母尽心尽力,使父母得以长寿。子孝母爱,人伦常识的回归,给我们的生活增添了多少愉悦?它使人生变得美好,变得让人依恋。

终于,我们这个社会又恢复平静了,又变得有秩序有规矩了,常识又成为我们不敢违背的神灵。小时候,奶奶指点我们:这话不能说,这东西不能动,要天打煞的。这个不能说,那个不能动,正是千百年来的常识所规范的。

常识在上,我为之仰天。

近的忽视

弟弟从外地来，陪他玩雷峰塔后在附近的小路上散步。抬头发现，山腰上有一亭阁，谓妙音台。踏着青砖小道往山上走，就觉古意绵绵。在妙音台一侧的长椅上坐定，听得幽幽的梵音传来。这时，夕阳西下，山林沉寂，梵音在树林间萦回，心灵变得无比宁静和清澈。

与弟弟几乎同时脱口而出：没想到杭州还有这样的好地方。

于是，我想到，自己居住杭州近三十年，而不知有此清静之地，实在是对居住的城市有所忽视了。知道杭州山水之美，也知道山水之间探幽之处无数。但是，自认为居山水之侧，游玩的日子无限，于是，便明日复明日，与这座城市的不少山水胜景长期隔膜着。偶尔一见，竟感叹连连。

生活中，其实有很多近的景和物被我们忽视了。对近的山水的忽视，使我们失去了生命过程中早该有的美的感受，以及这种美感对心境的影响；而对近的物体和人的忽视，还改变了我们的生活趣味和生活方式。

记得刚居杭州时，住一泥地的偏狭小屋，从书店买回的书堆在书桌旁，搁在泥地上，不敢买更多的书了。搬了新居有书房后，就大肆购书。购得书后，满足感充溢于心。书就在身边，慢慢看吧，不急。一边还有新书购进。这一慢慢看,就把不少书忽视了。有的书几年内没翻过一页,一些有塑料纸包着的,甚至长久没有拆封。书籍是提供思想和知识的,让书在身边躺着而不予理会,就使思想和知识成了过客。相交越迟,自己的生活和心智的改变就会失去新的机缘。

我们也往往忽视生活在近旁的亲人。我相信,很多子女并不知道,父母亲生活道路的详尽经历和他们的心路历程。孩提时不足怪,成人后,也会因生计所累,想着父母会长命百岁而忽视了与他们的情感交流和心灵对话。直到父母思维已不清晰,表达已有障碍时,才突然觉得,对自己的家史有点茫然,对父母心灵深处的情感有点生疏。看到好几位朋友,面对自己老迈而衰病的双亲时满含热泪。只有这时,他们才知道,对亲人的忽视,不仅使自己深怀歉意,也使自己想探究走过的生命路程中的诸多问号,找不到一个完整的答案了。

人总是看着远处,遥望明天,容易追寻远距离的美感。然而,对近的忽视,却失去了无数生命过程中最实际的感受。这种近的忽视的累积,使一段又一段生命的重要内容离我们远去。如果以对明天的遥想替代当下的行为,那几乎是在耗费生命了。

妙音台树林中的梵音缭绕,让人有静谧缥缈之感。下山的时候,心绪清晰了起来。身后的雷峰塔可以重建,生命却是难以轮回的。任其一生,人有几个明天呢?

还是弟弟说得对,对近的忽视,其实就是对生命的忽视。

说"一"

"一",可以囊括无限大的时空,让我们遥想灿烂星际、浩瀚海洋;也让我们展望百年人生、千年未来。面对这样的宏阔,人们便心涌激情。然而,"一"也是最微小的末枝、最短暂的瞬间,如0.1秒。面对小"一",人们总是容易忽视、小看、怠慢,让小"一"的精彩在我们眼前倏然而过。

上世纪八十年代初,我上夜大学。美学课老师讲西湖的美学体验,她在课桌间边走边讲,沉浸在西湖的美色之中:坐在苏堤看西湖,黄昏最美,云朵、湖面、山峦、树影,每一分钟,因为光的不同,而呈现出不同的色彩,它们组合在同一个画面中,变幻无穷。人们痴迷而久坐,就是因为每一分钟都能感受不同的美。

这堂美学课,给我留下了深刻的记忆。每一分钟会出现的美景变化,让我接受了从未领悟过的美学解释,第一次知道:观察美,每一分钟都要睁大你敏锐的眼睛。

老师那里接受的知识,后来在一位摄影师那里得到验证。他可以几小时把镜头对着河面,等待展翅的飞鸟,可以几小时里不断地拍摄同一朵花。他说,飞鸟禽鱼,只在几秒之内,就有不同姿势、不同光影;同一朵花,因光线的方向、强弱,因含水的饱满与否,会呈现不同的美感。要捕捉到最美画面,只有等待多种要素整合到最佳状态,在瞬间完成拍摄,这一瞬间,变成永恒的美。每每拍到这样的照片,他的满足感无以言表。最近,他的作品进入美国一家图像交易公司网站。

如果说,独特而美妙的画面一瞬,可以用我们的耐心和敏锐加以捕捉,那么,面对生活,无数物体中,小"一"的成长,却让人无以观察,忽忽之间,便已长成,便已无穷。

阳春三月,在河边散步,见清绿的河水中有成团成团的蝌蚪在河边浮动,让人感到春天不可抑制地来临。过了没几天,再从河边走过,却不见了一尾蝌蚪。它们去哪里了?草丛下?石缝间?青蛙从此长成?不知道。更无从了解蝌蚪每一分、每一秒的成长。

这时,我想起了齐白石先生的名作《蛙声十里出山泉》。白石老人没有画青蛙,而是画了一片游动着的蝌蚪,他把蝌蚪变为青蛙的现象,空灵地体现在画面之外,植入到了观赏者的遐思之中。这真是一个奇妙的构思。把无从知道过程,却又明白结果的生物现象,以美的形态表达,让人沉浸艺术,也让人享受想象的乐趣。人们似乎无意去知晓蝌蚪变为青蛙的分秒过程了。

面对多姿多彩而又变幻莫测的小"一",会让人深感,这世界给人出了多少难题,诱导着人去图解和应答。无数的瞬息万变、无数的悄然成长。那些能观察分秒之美,把瞬间变为永恒的人,体现着人的智慧和毅力。而那些无从了解的小"一"变为无穷的现象,却提示着人们:每一分秒都累积着你的未来。不同的分秒感受,隐隐地告知着你走向大"一"的光明与晦暗。看不见别人的小"一",犹如人难见蝌蚪变青蛙;而对自己,却总清楚着对分秒的选择。

人们把"一"举过头顶,那是因为排名之冠的激动;人们把

"一"与璀璨的词组搭配，是为了去描绘无数华丽的景象。但是，真正理解"一"这个象形单纯、书写平易的字的内涵，一定需要人在沉静之中的思考，这时，会感受到分秒的珍惜，窥视出瞬间的奇异。

有谚"说一不二"，似乎表达了一种决绝。但是，先要把"一"理解清楚了，才不会把这种决绝，变成一种偏执。

追怀单纯

单纯属于少年。但是,我们一辈子会追念、怀想这种单纯。

读台湾学者蒋勋的书,有一节写道:小时候,为了送一本同班同学忘掉的笔记本,曾经翻山越岭渡过淡水河去他家里,那时,淡水河桥很少,绕了很多路。至今,记忆很深。他说,这是生命中幸福的开始。

蒋先生的话,一下激发了我的同感。年少的单纯,不是每个人都有的么?

去大兴安岭下乡,第一次回上海探亲时,一位"插友"的母亲来家,背了二十多斤重的芋艿,委托我带给她的儿子,说是孩子特别喜欢吃芋艿。我母亲怔了一下,但没有拒绝,只是转身看着我,问:能背得动吗?我们自己少带点东西吧。那时,探亲回家,都会互相捎带一些香肠、肉松等副食品回去。可是,带芋艿是第一次,而且这么多。几千公里之遥,要换两次火车。我没有任何犹豫,答应了。

回大兴安岭时,一旅行袋的芋艿成了我要特别留意的行李。每次换车,从车门或者窗户塞进行李时,装芋艿的旅行袋是第一件,我不能把人家母亲重托的东西弄丢了。到了连队,我把芋艿交给"插友"时,他并没有像他母亲说的"特别喜欢",只是全帐篷的人都品尝到了来自家乡的土产。

我仍然高兴。完成了他母亲的重托，把一位母亲爱的关切"重重"地传递给了这位"插友"。几十年来，每当记忆这次长途背运，心中浮起的总是快乐，这种快乐中的单纯，带给我绵长的慰藉。

我要感谢母亲，她没有阻止我的单纯，她成全我让年少的单纯变为行动，而没去计量得与失。正是母亲的成全，使我心中单纯的底色变得更加清澈，在面对生活中无数的关乎得与失的选择时，有了衡量的标尺。

有一年大雪，刚参加工作不久的儿子要开车去机场，接从内蒙古飞来的同事父母。回程时，雪近尺厚，半小时的车程，用了两个半小时。我禀报母亲后，很想问母亲，当下的社会，对您孙儿的冒险助人，还会支持吗？我没说出心里的问话，母亲却流露着满意的表情，只是关切地说：那要慢慢开才行。

我怀念单纯，是因为光怪陆离的社会已经让人唯恐不复杂了。

有一次参加暑期旅游团，有当教师的妈妈带着自己孩子。三四年级的孩子天真活泼，当妈妈的交流教子经，却没有了教师的语言。

"做好事也不能当傻子，否则孩子从小就吃亏，大了怎么去竞争。"

"是呵，现在的教育脱离实际，社会上有多少虚伪、假象！"

"就是要让孩子从小知道付出要有回报，否则，永远弱势！"

她们的畅怀交流尽显母亲爱心。可是，听着真让我有点心痛：她们的孩子要与心中的单纯告别了，与童年的快乐告别了。

这几位妈妈的爱心，有这么多的算计和机巧，她们要把孩子培养成怎样的人？一定是精明、重结果、以胜出为要的竞争强人。这对于当今社会实在也是对应之举。但是,人的成长、人格的养成在哪里呢?竞争之胜,并非入世体验的全部,如此,丰富的生命感知便显得单薄了。

自然无法与她们交流。又想起了蒋勋先生的话。他长久地回忆送笔记本的美好,后来把这种单纯和善看作是一种美,一种人格之美,他说,这种美,还是一种看不见的竞争力。

单纯的快乐,不要为了应世,而把它任意地驱赶了。这不仅是成长的缺憾,也会有人格的短板。人的心灵,没有了单纯的滋润,便会干枯。

无论世相多么诡异而复杂,我仍然追怀单纯。

忘了含蓄

朋友手机上晒图,并写了几句话,其中有"含蓄"一词。我突然感觉,这个词久违了。很美的一个词,很美的一种表达方式,怎么有点生疏?

我想重新把它记住。

可是,几小时后,想到有这么美妙的一个词,却无论如何想不起来,就像从来没看到过一样。于是,我只能再到手机上寻找朋友发的图文。当天半夜醒来,又想到朋友手机上的这个词,却如针沉湖底,没有一丝动静。一个词的遗忘,令人沮丧。于是,起床,摸黑打开手机,让这个词现身。身心一折腾,亮眼望天明。

几年前,曾有一次相似的经历。突然想起母亲经常挂在嘴边的一个词:诚恳。过后,脑子里除了母亲讲到这个词时的表情,"诚恳"二字却飞遁无迹。

朋友安慰我,忘词,除了记忆力退化之外,更多的是与这个词不常使用有关。

这个说法,让我受用。

口出"诚恳"二字,除了有远见的家长对小儿有所告诫,已经很少在谈天说地中听到了。而"含蓄"一词,几近绝迹。那种委婉的表达,已被长久地弃用,令人可以咂摸意味、曲径会心的感受,也无从体验了。有人还会把含蓄看成做作、酸腐。而与之相反的表述,却大行其道:直接、坦率、爽快。自然,这不是一些令人不快的词,在人际交往时,在某个事项的讨论中,这样的表达方式,有利于双方的沟通和理解。可是,排斥了"含蓄"一词,实际上是舍弃了又一种交流方式,也舍弃了一次往往可以让人回味的心灵抵达。

市井坊间,看多了因为直接、爽快乃至露骨的表述、交谈、辩驳所带来的热闹场景。原本可以心平气和交流的,却各自一吐为快,不惜伤害对方的自尊,引得怒目相视,直至河东狮吼、拔刀助威。而仍然知道有"含蓄"一词,并以这种方式在生活中交流的,成了凤毛麟角。

有一邻居,保姆搞卫生时,常忘角落桌面的擦拭。他笑说,你不要亏待了这些立于暗处的桌子呢。保姆一笑。从此,孤立角落的桌面天天如镜。这个最容易让人直爽批评甚至颐指气使的对象,一旦自尊受损,便极易使矛盾激化。他却以含蓄的提醒,巧妙地让批评入心。

其实,在我国传统文化中,含蓄是一种充满智慧的表达方式,体现着对人性的参悟。无论是对幸福、灾难、分离、爱情的描述,还是对表扬、批评、辩解、责难的表达,都因为有了各种隐喻的运用,有了旁敲侧击的叙说,有了曲意委婉的语言,而变激化为舒缓,让灾祸少焦心,使情感意味深长。那些调侃、自嘲式的幽默,更使"含蓄"有了独特的灵性。

而且,含蓄的交流,还增添了文化的意趣,但这往往需要以双方的文化认知为基础。

前不久，结伴去旅游，在四川一古镇的小街上，有村姑出售用红豆串成的项链。一位年已七旬的长者在摊位前认真挑了一款放入袋中，有人打趣，送谁啊？他开心地说，回家给老婆戴上。我当即跳出了"此物最相思"一句。如果老人与他的太太，其中有一位没读过王维这首诗，眼前正发生的"红豆项链"的故事便不会出现。至今想来，这小摊前的场景仍让我心动。他太太戴上这串红豆项链，那一份爱意一定会让她甜醉。她感受到的相思之情的隽永，哪里是当下直呼"三个字"可以比拟。

含蓄的淡却，是因为对文化的漠视吗？

朋友晒图的旁白，"含蓄"两字，是描述一种植物枝叶的生长。我没看出绿叶的含蓄姿态。我想，是朋友心中的含蓄投射在了这棵植物上。

这让我有信心记住"含蓄"这个词。

我曾经写过关于"诚恳""单纯""谦恭"的小文，是怕忘记这些词，会使自己产生焦虑；也想对我的朋友们有所提醒：让这些词用于自己的生活，可免遭遗忘之苦。现在，在这些词组里，我又加上了"含蓄"。

下跪之问

这个场景,总让我挥之不去。

有一位母亲已七十多岁了,女儿也人到中年,女儿的儿子正在读高中。每次女儿生日,总是买了菜,买了蛋糕,去父母家,与父母团聚。

今年,依然如此。女儿在厨房忙完,菜摆上了桌,蛋糕也插上了蜡烛。老小五人已桌边坐定,女婿正起立向二老敬酒,女儿一声"慢着",随即"扑通"一声跪倒在母亲膝下,说:"妈,今天是你的受难日,让我一拜。"语毕,三叩首。

父、母、婿、儿子,全体愕然。特别是儿子。

女儿的父亲跟我讲述时,仍含泪花,喃喃:真是个孝女。

不知道女儿在自己快五十岁时,向自己的母亲跪拜,是自己参悟了人生,还是给儿子以教育?

可能两方面的因素都有,但是,这不重要。

让人惊讶的是,这样一个令人心生感动的场景,却有很不以为然的议论:生育只是正常生理现象,有必要如此夸张?还有人拿出纪伯伦的诗,说,他们是生命对于自身渴望而诞生的孩子。言下之意是,生孩子只是父母自身生理的需要,不必过于恩重于心。理性得道貌岸然,还带着西方文化的高傲。

我的内心不能容忍以这种理性的表达，去亵渎女儿下跪的圣洁画面。可是，情感与理性之间关系的诘问，却一直在心头留存。

有一年春节，杭州一个大医院的护士，告诉了我这样一件事。

一位捐献了儿子肝脏的母亲，也可能是父亲，在春节，突然微信医院的器官捐献协调员：新年之际，思儿更甚，不知吾儿当年为社会所尽之微薄之力是否健康延续？代问候，祝他们新年快乐！

这是全家团圆之日，父母对去世孩子的深切怀念，转移在了有着儿子肝脏的受捐者身上。

我国《人体器官移植条例》规定，从事人体器官移植的医务人员应当对人体器官捐献人、接受人和申请人体器官移植手术的患者的个人资料保密。这就是说，移植器官手术后，捐者家人和受捐者，都无法认知对方，也不必认知对方，交钱走人，无须理会，以后各自安好。硬冷的条例在那儿摆着，自有它的道理。《条例》是理性的法则，应该全民遵守。

可是，马上，受捐者来了回应：叔叔阿姨，你们的新春祝福收到，我已泪流满面，我能体会到为人父母对于孩子的那份思念，因为你们的孩子，我得以继续在这个世界上感受那么多美好，夜里我时常摸着自己的右上腹，默默地对他说，我们一起好好活着，努力创造另一个奇迹。如果有机会我想替你们的孩子来孝敬你们到终老。

这是捐者家人与受捐者之间一次超越理性和法则的情感交流。

如果是纯粹的理性评判，对捐者父母而言，你生了孩子，实现了自己的生理需求，孩子去世，捐了肝脏，完成了一次对别人的救助，任何牵念都属不必。而对受捐者，更属一次病体的治疗，他完全可以隐匿于人群里，平静地生活，不必理会捐者父母的问候。况且有《条例》高悬，任何感情用事都显多余。

然而，不仅捐者父母有思儿之情要表达，身体恢复得很好，已经能跑半程马拉松赛的受捐者，也有内心的感恩要倾诉。他站了出来，泪流满面地要求孝敬捐者的父母。他对朋友说，看见叔叔阿姨这样想念他，我真的很想去见见他们，但我知道这不行，所以只能用文字来诉说我的感激。

这已经够了。人们看到了他的人性之美，看到了他的良知和感恩之心。人是情感动物，受恩于人，总会有释放感恩的冲动，很难被理性所束缚。就如下跪的女儿，母亲给了她生命，感恩之情会伴随一生，她总有叩拜的一天。理性，可以让这个社会形成规范和具有条理，但是，情感和道德却可以让这个世界具有温度，让人们的生活变得色彩斑斓。一个窒息了情感、良知、道德的"理性社会"，谁会忍受呢？

我曾经写下《母亲牵着我，走过田野》一文，读者留言中有一句话让我记忆犹新：母爱的力量胜过自然界的法则。在我们看到一位女儿面对母亲下跪的时候，如果仅仅想到孩子的出生是父母生命对于自身的渴望，那么，这样的思维，不仅过于偏颇，也把纪伯伦的诗读歪了，他只记住了整首诗中的那一句。

与优点相处

这是十位六十岁以上的老年朋友。

去日本九州旅游，走乡村、过小镇、望田野，十位朋友扔掉了牵挂羁绊，心里升起了闲情逸致，个个都显得轻松、快乐而本真。

那位刚过六十的女士，穿了一件大红的宽袖毛衣，在一个名谓沙千里的草原上张开双臂，舒展拍照，红衣顿时映红了绿草，像一朵盛开的红玫瑰。一位男士说，你倒回了十多年，成了风华正茂的少妇。引来一阵欢笑。

还有一位创业几十年，成就了大企业的新任奶奶，热情开朗，仪态优雅，很会穿衣打扮，并且善于在不同场合穿不同服装。那位男士又说，昨天是贵夫人，今天成了大学教授。溢美之词，听者莞尔。

在一次长途汽车上，有人提议唱歌，便拿出手机，放伴奏。一对夫妇唱起了《夫妻双双把家还》，那女的靠在丈夫身边，歌声委婉，情意绵绵，有如回到青春年华。男士又言，少女的情怀，令人感动。

一位企业家，刚退休，写了一本回忆录，回顾总结自己创业之路，在旅游途中与大家分享写作经过。这位男士听得仔细，与其交流甚欢。说，把自己生命中的创业经历留给下一代，你的勤勉值得学习，也看到了你对下一代的负责和期待。

旅行途中，男伙伴给女士扛行李，女伙伴给男士端拉面；先生与太太一起给摄影男当相恋模特，摄影男爬上趴下给众人留"到此一游"……个个优美纷呈，大家的赞扬声四起。

在山下的花海边，有人与这位男士聊天：你怎么看到的都是优点？

他说：出外旅游，爬山看花，没有牵挂，大家展示美丽，显露着自己的单纯和愿望，身形之美、品性之优，就全然释放了。

有人应答：我们都经历过生活的曲折，见多了人性的优劣，出外开心，有人释放优美，有人赞扬优美，这就快乐啦！

男士甚喜：旅游，全无利益纷争，每个人的言谈、举止、着装、诚恳的交流、表达的心愿，都是没有杂质的本真，原本的优点都激发出来了，我们是与优点同行。赞美这样的优点，会让老伙伴们兴致勃发，年轻十岁！哈哈！

到了一个牧场，在草原边上的木屋闲坐。看山岚缭绕，牛群觅食，一种闲适便弥散开来。静想，日常生活中，老人们的优点到哪儿去了？是自身不愿表达，还是旁人视而不见？

经历几十年的生活沧桑，有的老人心里麻木了，一天有三餐，日日无病痛，就是该有的好日子；也有的老人不屑于表现自己的美丽和优点，觉得言行的优劣，全无实际意义，自己想咋样就咋样，与别人无关。这样的生活态度，自然也看不到别人的美丽与优点。其实，这是一种心理的老化，它会催发生理的加速退化。

行走于高山草原、森林田野，空旷中的自由呼吸会让人们心里的杂质排空，那些纯真的表现，让人看了舒心愉悦。同行者对伙伴的赞扬，不由自主，如心中的清流得到了阳光照耀，缤纷四射。这样的互动，让行游充满美感。

其实，人生的旅行，也需要时时排空心里的杂质，不管这些杂质的来路多么"理直气壮"，向心里存放时多么"心安理得"。但是，你仔细一想，这些杂质的内容却大多与物质利益相关，尽管不少穿上了"精神"的外衣，潜伏到了你的心里，像轻飘的尘埃，把你心灵的通道堵塞，让你少了灵气，隐匿了聪慧。然而，在你经历了生活的跌宕，经受了生活的磨难，看多了生离死别，你却突然发现，那些心灵里的尘埃已飘逸得没了踪影。

旅游还没结束，十位老伙伴的下次旅游方案已经在讨论了。甚至明年的旅游计划已在酝酿了。

世俗人间，你来我往，你问我答，谁不想与人的优点相处呢？

我从森林里走来

那时,我在北方的森林里伐木。

开春,我们扛斧背锯,进入那片原始树林。翠绿遍野,群鸟噪乱。布谷鸟的叫声似乎是雄性的鸣号,带着叽叽喳喳尖厉的鸟鸣合唱,它们带给我空旷、遥远的感受,让我沉浸于森林的无边、原始和荒古。

很多年里,我一直把众鸟的啼鸣,看成是森林里的福音。

几十年后,我重返大兴安岭。森林里的采伐,已经禁止很多年了。走在林场的小路上,看到白桦树仍然纤细瘦弱,像一个营养不良的少女;壮硕、挺直的樟子松也未见踪影;早上和午后,仍能听到密林深处传来布谷鸟的叫声,却已经听不出当年那种原始的意味。

提及当年进军大森林,我没有了豪气和勇迈,更不敢大言不惭地吹嘘在雪地套野兔、在河里捕野鸭、吃当地人送的"四不像"肉。对森林生态的破坏,至今没有完全恢复。生态,曾经是一个陌生的词,在认识它以后,我常常对这个度过自己青春时光的遥远的北方,默默祈祷。

人类是在向大自然的索取中生存的。可是,人类的无知伴生的无畏,裹挟着享乐、猎奇、炫耀,无休止地对大自然巧取豪夺,乃至猎杀那些远离人类的异族的生命。自然界愤怒地对人类的报复和反击,却让我们猝不及防,目瞪口呆。

闭关屋宇,听闻武汉街头传来大灾劫难出现的悲痛场景。看到千万名医者,置生死于度外,决绝逆行。拥抱挥手之间,令人泪下。我们为什么没有跟栖居于树林、洞窟里的蝙蝠、穿山甲、果子狸,早早地说一声:你好!兄弟。

静守中,想到了一位同事。多年前,他去非洲旅行,除了好奇于非洲的原始部落,就想去看东非的动物大迁徙。从坦桑尼亚出发的几百万头斑马、羚羊,穿越几千公里,去肯尼亚草原觅食,这一声势浩大的动物壮举,搅得这位同事心荡神摇。疾驶的吉普车,在离奔腾的斑马很近的地方,不知是车声搅乱了斑马,还是看客舞动了吉普,瞬间,车翻人亡。

一个白净的帅哥,魂断非洲。现在,仍有人兴致勃勃地去围观动物界的这一悲壮之举。动物们寻找草原维持生存的无奈,被人类看成喜剧。你的扰乱,会有生命之忧,也会有身染病毒之虞。如果斑马、羚羊们有语言表达的功能,一定会毫不客气地说:人类,你离我远点!

几位朋友曾给我讲,他们看到大马哈鱼产卵的情景,惊讶的表情,让我看到了恻隐之心。

那里是俄罗斯境内,一个江海连接处。正是大马哈鱼回游产卵季节。他们看到,一群群大马哈鱼,鼓着肚皮,从海里迎向顺流而下的江水,一次一次地逆流冲击,要翻过阻碍的石块,一次不成,再冲,直至冲过石块,逆向而入江河。

当地人告诉他们,这些大马哈鱼的母亲,产了卵,就会死去,全身通红。

他们拿出照片给我看，按捺不住感叹：为了孩子，去赴死，大马哈鱼有多么伟大的母性。一物一世界，人类之外，地球上有无数我们不认识的世界。

"对大马哈鱼的母亲，我怀有敬意，这样惊心动魄的繁殖过程，怎么忍心打扰。"一位同行女士动了感情。

我笑谑：动物世界欢迎你！

我们的异类，都是鲜活的生命。为了人类的生命延续，祖先千万年进化出的吃食，已经搅乱和撼动了大自然。歉意和感恩，简单的衣食住行，是我们行走于大自然中，应有的表情和行为。

走进家里的阳台，能看见古老的钱塘江静静地流淌。一百多年前，地球另一端的梭罗先生面对沉静的瓦尔登湖，已经在思考人与自然应如何相处。现在，我面前的这座城市，正笼罩在透着不安的宁静之中。有无数的人，也开始反思，我们该怎样调整自己的生存姿态，让大自然继续护佑它的子民。

我从森林中走来，带着满眼的绿色和不绝的鸟鸣。我有痴愚的执念，在我们走出疫灾，喧嚣的声色犬马席卷重来的时候，应该会以清醒和朴素，收敛起横行的欲意。

我祈望群鸟的歌唱，不再被市嚣淹没，那是我森林里的福音。

不同的远方

看到孩子与母亲相随的画面,令人温暖。母亲真的是孩子的第一位老师。

可是,行走街市,也总能听到母子之间冷冷的对话,其实,大多是母亲的独语。有时听了,令人心惊不已。

一天早晨,步行上班。正走在斑马线上,忽然听到一位母亲大声训斥身边的儿子:不要觉得95分就好了,才第9名,离前三还差远了,跟你说过,四年级很关键……低着头的儿子一脸沮丧。

我听了,心生对孩子的同情。不知道孩子今天上课的心情会怎样?心里涌起的言辞有些偏激:这是个无知又贪婪的母亲。

还有一次,从图书馆出来。一位戴着眼镜的母亲,给自己才八九岁的儿子上"哲学"课,隐约听到什么"自信""坚忍""淡定"的字眼,儿子微皱双眉,似乎一头雾水。

想必当妈妈的,希望儿子在人格上尽快成熟,可是,你怎就不能用孩子能听懂的语言教育呢?或者,在日常生活中,潜移默化,引导他要自信坚强呢?如此"哲学化"的教育,不仅无效,还可能让孩子在生活中唯恐不自信,变得失去童真,患得患失。在孩子心里,总是把母亲的话很当回事的。

更夸张的是,有次周六,在一家点心店,邻座一母女,母亲上衣有美容店标识，女儿面容干瘦、苍白。听母亲在与其同事说，吃完她要去学钢琴，学完去补数学，晚上还有书法课。我忍不住问，孩子几年级？母亲说：二年级。我说：你怎么给她加这么多分量？母亲答我：现在都这样啦！钢琴她喜欢的。孩子马上嚷嚷：我不喜欢了，是你硬让我学的。母亲立马眼睛一瞪，脸呈怒气：看你以后还有出息！

搞美容的母亲，是因为自己觉得没出息，而把希望寄托在女儿身上？看孩子不见血色的白净小脸，真有点为她担心，如此重压，能扛得住吗？

那些孩子母亲的脸上，都显出焦虑、急切，希望孩子从小在竞争中胜出，一路领先前行，成大事、有出息。可是，她们自己却没有做好当母亲的准备。人生的第一老师，该如何对孩子循循善诱，让孩子快乐、健康成长？仅仅会把着急呈现给孩子，可能会是一种伤害。

也有这样一对我相熟的母女。经常看到这娘俩走在路上，都是女儿在笑眯眯地"喋喋不休"，当母亲的总是"洗耳恭听"。那位母亲有次告诉我，女儿考试得了全班第一，她祝贺女儿，四年级的女儿却俏皮作答：那是学霸们考砸了。这个在课堂上有时把课本垫在屁股下的调皮女儿，这样的轻松回答，母亲的脸上是高兴的。女儿曾经在自己的一幅画中写下这样的旁白：身体被束缚，但心还能飞翔。一个不是生活在斥责压力下的孩子，才会让心灵插上翅膀。

每个母亲，都希望孩子飞翔着去辉煌的远方。可是，太多的母亲因为苟且于当下的分数，急切于孩子的成熟，压抑了孩子充满童心的对远方的梦想，最后，母亲心中希望的孩子的远方并没有出现。而那些给孩子更多快乐、轻松环境，让孩子按本性成长的母亲，却成全了孩子心中对远方的飞翔，激发了智慧的灵性，母亲心中期待着的孩子的远方，可能就真正实现了。孩子飞翔的远方是诗意的，母亲的远方却总是由物质构成。

  一位非洲的国家总统曾经说过，教育好母亲，就能教育好一个民族。对当今中国，此话值得记取，不仅是对民族，首先是对自己的孩子。

"堂"之善德

明德养人、举善发家。这些小时候长辈告诫的话,当时是不知就里的。最多知道,那是大人让我们从小做个好人而已。至于善与德,是否真能养人或发家,不懂,也不信。

最近,去了一个已有两三百年历史的村落,走街穿巷,见了很多古屋老宅。凡有着几进深宅的大院,都曾号堂,而堂名,则多用"善"或"德"字,再在这两字前分别缀一字形容,表达堂主扬善行德的意愿。如盛德堂、积善堂、恒德堂、峻德堂、资善堂。

一个村庄,竟有十几家自称为堂的大户人家,并且,这样的大户人家多以"善""德"自勉、自立,视"善""德"为家之风范、行之规则。这让我在这样的门户前伫立良久。也让我行走在高墙深巷时,不时自问:善与德,究竟与这些大户人家的发达有何关系?行善扬德,会给这个村庄的风气带来什么?

见一户并非深宅的人家门开着,客厅有一长者端坐。便问安:大爷,气色真好!高寿啊?

长者一听乐了:"九十啦!"应声朗朗。

"村里大户人家真不少,为啥都起名'善''德'呢?"

"这是好字,不行善德,哪能发得了家!家要有家风,行得正,才走得远。"

九十老人,见识了社会上太多的善恶之象,对村里人家的行善发迹更是了如指掌,这话,发自他的见识,也显现他的人生归纳。

"这些大宅,无人住了,外迁啦?"

"这些后代,都出息了,早离家了。这堂屋,成你们参观的地方了。"

"又善又德,村里风气好着呢?"

"还行!不大见干坏事的。积善德,心大,这村里长寿人多,我不算大的。"

"你气色这么好,一定活过百岁!"

老人更乐了。

村里的街巷,少有人过往,年轻人外出打工,老人成看家的。在一个巷口,见有一杂货店,正打算打烊,一个老人仰头想拉卷闸门。

"大爷,关门啦?"

"孙子回家,我早点回。"老人回转头,应我。

"你老还开店,真硬朗啊!"

"不行了,九十四了,腿都弯了,不过,力气还有。"

"四世同堂了吧?"

老人笑眯眼了:"是啊,全家四十多口人了。"

"村里对老人照应还好?"

"好的。村里人待人和善,我们是文化村,上了国家的!"老人一声高腔,哪里有静如止水的疲沓老态?

我想起,村口一块牌子,写着中国历史文化名村,他说上了国家的,是指认定名村的是两个国家部门。

老伴催他快走。我一直看着这两老驼着背,静静地走入街巷深处,眼睛里满是羡慕和感动。

历史文化名村,不是因为有几幢院墙斑驳的古宅,更是因为"善"与"德"在这个村落里百年不散,它已经成为这个古村传统里的精与魂。有善心,扬德行,一个村庄就会代代发达、人乐寿长。可见,善与德是我们民族延续的精神基因。

一堂、一村、一国,善德张,则兴。

以道观之

几年前，大病，晓平兄刻"以道观之"印送我。四字颇有道家的虚渺之境，我把玩再三，与当时的无奈甚合，也时时感受友人间的虔诚之意。

但是，闲散之间，我一直在自问，此"道"何解？有一次问晓平，他说可作规律解。我的病规律又如何？我不敢问。按此病的规律，前面没有阳光。

以我的浅见，"道"实在是有太多的解释，我不愿仅有规律一解。"道可道，非常道。"王阳明解老子此言时曾说，道不可言，强为之言而益晦。我便把解道之惑的愿望压之于心，先看世间万象，或能有所醒悟。

观万象只能从近人始。晓平兄常在我近处出入，其意趣、行踪便在我观察之中。我知其离开原就职企业颇早，半百之年投身于民企，市场的规律如何遵循，无以言说。但是，他没按规律等待，也无法沿职场规律行走，却自己开辟了新路。他开始学篆刻，几年下来，作品已发表于报刊，并被一些博物馆收藏。他学写作，开博客，成了受欢迎的博主。他遍访民间深山印学圣地，拜老艺人为师，得艺人真传。我为他高兴之余也想到，规律有时真难以认识，往往是人的主观自己认定的。晓平兄不按职场规律走，却走出了新气象，说不定走出了一个新规律。

我为这样的发现感到欣喜：不要被规律套住。

这时，有一位朋友出现了。几年未见，他成了中庸之道研究者，已写有近百万字笔记。以中庸学说论"道"，又有新见解。他说，道不仅是规律，也是人对规律的一种改变，两者融合为道，道是一种哲学的表达，是一种方法。真好！不管是否中庸之说，我愿意接受。它印证了，我观察到的晓平兄努力对职场规律的改变，也对"以道观之"之"道"作了补充。我重新拿出了这枚方章，我要郑重地用一次这枚方章。因为有了对"道"的新解，我对自己的病，不必静待其规律的演变了，病家可以在这样的演变中有所作为。"道"之阳光洒入了我的生活。这枚方章变得充满哲思而意味万千了。

实在是有违王阳明先生的断言。道之不可言说，是学识丰盈之大师，对先贤玄思依从的解读。然而，前行着的生活，总是诱使我们对这样的玄思进行新的理解，赋予它新的内容。有人说，不可言说之玄妙，实际上就是给"道"更多的解答空间。我把此意告晓平兄和那位中庸研究者，晓平兄欣然同感，他有自身的实践印证，并且对"道"之感念有了提升；中庸研究者则怡然呈思索状，他似乎对中庸的研究有了更为广阔的空间，我的这位可敬而可爱的朋友，决定要把中庸作为主义，予以系统化。

生命之树常青，生活之树常绿，给灰色的理论以活力。

图书馆是天堂的模样

这是阿根廷国家图书馆馆长、著名作家博尔赫斯说的话。他的原话是这样的:"如果有天堂,天堂应该是图书馆的模样。"

人们喜欢把美妙的、可盼而不可达的理想之地称为天堂。图书馆是书的堆放处,它有哪些景象可组成天堂的圣殿?我不得其解。但是,当我把在图书馆的所见所闻、把图书馆里曾经发生的事情一一罗列,当那些画面重现于眼前时,我似乎理解博尔赫斯说的话了。这句话表达的思想令人仰望。

到处显示着现代气息的杭州图书馆离我家很近。走进舒适安静的阅览室,你会感受到不同的人在阅读时的共同安宁。在寒冬的大雪天,还有乞丐在这里读书,没有驱赶,没受干扰。所有人在这里共同享受温暖,享受宁静,使自己疲惫的身心得到舒缓。对那些乞丐来说,这里是可以暂时逃离人间歧视的慰藉之地。平等,在人聚集的地方,去哪里寻找?

远在美国阿肯色州的小石城,前总统克林顿的图书馆坐落在一片绿色之中。这里藏有克林顿个人所有资料。在美国,给卸任总统建图书馆,不是为了对总统歌功颂德,而是为了保存历史。克林顿与白宫女工作人员莱温斯基的绯闻曾让全世界津津乐道,也危及克林顿的总统宝座,这样的重要事件所涉及的资料,在克林顿图书馆完全保留。真实，是人人希望社会展现，却让无数人失望的现象。但是，在图书馆，却能看到真实的再现，因为真实是图书馆的品格和功能。在那里，没有人可以伪装。

有两位上海老夫妇在美国旅游，听闻哈佛大学学生凌晨四点半就在图书馆看书。他们在哈佛大学旁找旅馆住下，第二天四点刚过，老夫妇就进入哈佛校园。他们走进藏书逾千万册的哈佛大学图书馆，看到每个阅览室灯火通明，每个座位上都坐着看书的学生，两位老人看到这样的情景，热泪盈眶。美国是一个物质至上的社会，充满竞争。但在图书馆，却可以沉寂身心，潜心求知，无数成功者就在这样没有纷争的苦读后，转身进入社会，实现了人生的梦想。这里是隔绝尘世的思想驿站，是没有纷扰的清净圣地，与矛盾和冲突的社会形成了两极。老夫妇的泪水是因为看到寂静修心的场景而流淌。

在这样的知识宝库中，我还发现，这里的服务人员温文而谦恭，不见粗鲁，不显张狂。面对知识的海洋，他们都理解自己是沧海之一粟。图书馆的阅览室大多是女服务人员，她们的服务善解人意。我曾在北方一座油田小图书馆的阅览室看书，服务员有事外出，也不赶我离开，而是十分信任地把我反锁在里面，使我看完了剩下的书页，过足了读书瘾。几十年过去了，她让我相信，这是只有在图书馆才能感受到的服务。知识的长期浸染，使她们有了关爱的情怀。

人间没有天堂，但是人间还有充满着公平、真实、友爱和让人潜心静修的图书馆。博尔赫斯有充足的理由，把图书馆看作是人间的天堂。那么，我们就经常去图书馆坐着看书吧。即使不看书，坐一坐,甚至走一走也行,因为那里,不仅给你提供知识,也可以让你将行走于红尘、周旋于职场的疲惫和焦虑平缓下来,萌生出一种单纯、开阔、明朗向上的心境。

不知道这样的感悟,是否接近了博尔赫斯的想法?

七十可当"哲学家"

有人告诉我,只要人能活过七十岁,身体尚健,思维正常,都可能成为"哲学家"。当然,这不是通常意义上的理论哲学家,因此给加了双引号。对这个说法,我是颇为同意的。

我理解,此话的意思,还不仅仅是孔子所说:七十而从心所欲,不逾矩。孔子只是说,心与万事融会贯通后,不会超越规矩。而此话要强调的是,人过七十,经历了各种生活的顺逆之境,对生命过程有了透彻的了解,因此在生活的态度和行为上变得坦然、宽厚、更具爱心,更懂得对生命的珍惜,这不是对生命的最好诠释?能诠释生命,便进入哲学境界了。冯友兰先生说,哲学"就是对人生的有系统的反思思想"。人过七十,谁还不能做点反思,谁还不能对自己的人生做点归纳,对自己的行为做点调整呢?

我这样说,是因为耳闻目睹的一些事例,让我觉得,这一说法有着实际的依据。

我老家不远的里弄内,曾住着两位老艺术家,一位是油画家,一位是戏曲女演员。油画家鹤发童颜,每天拄杖散步时,口袋里都装着糖果,有小孩叫他爷爷,他便拿出糖果送孩子,满脸慈爱。这样的老人已臻化境。有邻居说,经常能见到他的孩子,长大也会心怀善心的。那位戏曲女演员颇有名声,但从不摆架子,年过七十了，每次见一位坐轮椅的青年妇女要进弄堂，便上前把那扇弄堂的铁门推开，那位残疾人好生感动。其实，两位老艺术家都经历过生活的磨难，知道生活中的关爱最能抚慰人心。这慈爱的糖果和开启铁门的推力，都来自他们坎坷生活中对爱的认知。一个"爱"字，曾引出无数中外哲学家的经典高论。

也有些老人，凭着自己一生的经验，偶然讲出的话就令人警醒，并永久难忘。有一位老邻居，年轻时干过一些事，却无大成，又无后，老来与妻孤伴。有次去他家串门，他说起往事，有句话让我思忖良久。他说，年轻时干事，碰到困难，摔倒了，不要沉湎于伤痛停留太久，否则，等你站起来，机会可能就没有了。听他说这话时，他已过八十岁，我三十出头，听时没理解透，话却记住了。二十多年间，不断记起此话，不断地体味内中的涵意。这里，有着这位老人历经曲折和困境的深切体验。这是从失败中提炼的生活哲理。还有一位农村老妇的话，近来常被人在网上提及：哪有那么多顺心的事，你自己把它扒拉过来，头拱地做好就是了。都是老人的感悟，异曲同工。头拱地与不停留，都是在说，生命无几，不容沉湎于感叹！

行走人生几十年，老之将至时，往往言出真诚，言意也深。我认识的一位著名脑外科专家，102岁还出一专著，书中除有逻辑缜密的理论阐述外，在后记中，坚持要记下他的人生感悟共享于读者。其中有：何以解忧，助人为乐；坦诚待人，良友必多；扬人之长，避言其错。这是一生的方法、经验和长寿秘诀，也是一位智者的留世哲言。两年后老人去世。我想起，他八十岁时，我曾陪太太因长年头痛求医于他的专家门诊，经一番检查后，他亲自去注射室给我太太头部打了一针,几十年未再复痛。他当时的和善、精心,给我们留下难忘印象。他的书出版后,送了我一本,以百岁高龄端正写上我名字,并请"指正"。老人的感悟,其实也是他的离世遗言。这里面,有很多值得后人深思的生活体验。

我喜欢与老人聊天,觉得这是与智者的对话。那些漠视老人、把老人看作落寞过客的后代人,他们与无数的生活"哲学家"侧身而过了。谁知道,他们因此会损失了什么。如果他们善于倾听老人的话,他们的生活,一定会因此变得更加平和而丰富,充满快乐而又气定神闲。说不定,未到七十岁,就成长为"哲学家"了。

修理匠与艺术家

两位艺术家,竟然都与修理物件有关,都当过修理匠,这让我好奇;在我了解他们后,又让我面对他们渐渐老去的身影,仰望良久。

一位是印度尼西亚民歌《哎哟妈妈》的中文翻译林蔡滨先生。上世纪六十年代,当无数年轻人沉浸在这首歌曲的优美旋律里时,林蔡滨先生在广东一座城市里做他的修锁匠,而且一做三十年。

另一位是上海油画家任微音先生。这位曾师从欧洲画师,又曾拜教于潘天寿、黄宾虹,上世纪四十年代就在上海美专讲授东西方美术文化的油画家,也在上世纪六十年代接受改造,从此以修鞋为业,并且一修十七年。最近,上海美术馆举办了任微音先生的画展,被专家认为"像这样有成就的油画家,在圈内是不多的"。

且不说两位艺术家的厄运,对他们的艺术创作所带来的影响,对我国文化艺术发展带来的损失,他们选择修理这一行业,并且安心于这个行业十几年、几十年,究竟与他们从事的艺术创作有什么关联?是因为艺术家的心态决定了他们的选择吗?

搞艺术的人,内心总是敏感活跃的,拒绝枯燥。于是,在管制中,任微音把各种修鞋用的塑料原料,尽一切可能整旧如新,那把电烙铁成了体现各种想法的工具。他说,不去想自己在修鞋,而是觉得在搞雕塑,这工作便有趣。这就使任微音在压力下保持了思想的活力,保持了艺心不死。

人们都说,艺术家都是性情中人,最在乎人生的价值。无论是林蔡滨还是任微音,他们都在对客户的服务中,感受到自己仍对他人有用。修锁、修鞋,做得好,客户都会感谢,这一有着个人技术烙印的工作,是当时可让他们从事的其他工作不可比拟的。获得的"成千次的由衷的感谢",对他们是莫大的宽慰。这种宽慰,使他们在漫长岁月里的等待,有了心灵的支撑。因此,林蔡滨在八十高龄时仍说,我们不要抱怨生活。

两位艺术家长年从事的修理工作,都需要低头专注的苦干,当他们接待顾客时,又需要抬头笑脸相迎。在苦干的间隙里,一定有悲苦的生活体验。而在笑迎顾客时,一定会相遇千百种不同的表情。这些内心的体察和对世态的感知,日后表达在他们作品里,便使作品有了思考的深度和世情的练达。

他们高龄后,不少人询问他们的人生感悟。林蔡滨会唱起《友谊地久天长》,他唱得平和而缓慢,让我听出沧桑,也听出沧桑中对生活深沉的爱意。任微音则常说起狄更斯《双城记》开头的话:"这是最好的时代,这是最坏的时代;这是智慧的年代,这是愚蠢的年代……这是希望之春,这是失望之冬……"这希望和失望之间,只有自己去把握。

还有一把小提琴

五十多年前，杂交水稻之父袁隆平在重庆的大学毕业，要分配到偏远的山村，母亲心疼地说，孩子，到了那里，你是要吃苦的啊！袁隆平回答，我年轻，我还有一把小提琴。

有一把小提琴带着，并不能缓解母亲的担忧。但是，母亲知道，有了这把琴，在艰难、孤独的时候，小提琴的乐声会抚慰儿子的焦灼和思念，会带给儿子生活的信心和色彩。母亲从小让儿子学琴，就是为了当儿子面临困苦的时候，可以有音乐为伴。

这使我想起了邓拓的女儿邓小岚的义举。六十八岁的老人从北京到河北一个小山村，教那里的孩子学小提琴。尽管那个地方，是她父亲当年办晋察冀日报旧址，她去那里教琴，有对父亲怀念的意思。但是，她心里真正的想法是，孩子们"长大以后，他们自然会明白社会的复杂。当你有痛苦的时候，只有音乐能做你最好的朋友"。那些山村孩子们，抱着小提琴，有一次现身电视台，对邓妈妈的爱心和苦心，充满感激，泪流满面。

两位当母亲的，都把小提琴作为教育孩子的内容之一，然而都不是为了让孩子当小提琴家，只是为了让音乐能伴随孩子的生活。心胸有音符飘荡，心魂便明朗、纯净、丰富。她们教给孩子的是一种内心的高贵。

我曾在大森林的帐篷里，感受过音乐对处于困境中人的提醒和心灵冲击。那时，已是我们下乡大兴安岭林区的第三个年头，前程无望。有一天中午，下着雨，躺在炕上百无聊赖。突然，听到一首很抒情的歌曲在收音机里播放，男中音唱出的歌词是"我爱这蓝色的海洋……"那么舒缓、那么广阔。我"嗖"的一声从炕上跳了起来：这是哪里播放的歌曲？心田已成焦躁的荒原，现在犹如突然流入了清澈的泉水，我被震撼了，不由自主地在帐篷内来回走动。我觉得，自己被重新拨启了曾经压抑太久的感动的情愫，疑惑着，也希望着，心开始生动了起来。

以后，我还听到过这样的故事：二战时期，美军对纳粹德国轰炸最激烈的时候，百姓们聚集到地下室，用黑布把窗户遮住，听乐团的演奏，听完音乐会，走出地下室，他们感觉还能活下去，尽管已经饿得皮包骨。音乐给他们带来生的勇气，带来希望的力量。

如果，当时我懂一样乐器，并有一件乐器在身，我就会在身心烦乱时，到森林里去与自己的音乐做伴，去排遣那些占据心里的杂质，定能不沮丧、不自悲、不自压，使自己能保持内心的平静和活力。

袁妈妈和邓妈妈，以她们自己对生活的感受，教给了孩子们抵御困苦和压力的法宝，这是最深厚的母爱。已经成为农学大师的袁隆平，在他八十岁时，深情地说：妈妈，稻子熟了，我真想和你说说话。我知道，这粒稻种，是妈妈在我幼年时种下的。而那些山村里的孩子，手中有了小提琴，再也不觉得有身处陋乡的自卑。

行走在城市的街头，经常看到，母亲带着背小提琴的孩子。我很是羡慕他们。但是，我也看出大部分母亲的目光过于急切，甚或焦虑。母亲的目光中有对成才和名誉的期盼。我真想说，这是多么空乏的内心折磨。

这些母亲们，可以不了解袁妈妈在鼓励儿子学琴时，还教了他尼采的哲言，让儿子在失败中能昂扬生命的意志；也可以不知道邓妈妈失去受迫害致死的父亲时，所产生的绝望。但是，她们要去了解音乐与生活的关系，要知道音乐是一种精神活动，它关乎心灵，与物质无关。那些大师们的富裕生活，只是他们天才般的对音乐的感知和阐释，人们给他们的回报。而天才永远是少数人。

让音乐伴随着自己的孩子，使他们的一生，有音乐对心灵的陶冶，而不是把音乐，作为得到名誉和财富的手段。否则，当你的孩子远行时，他会任性地把小提琴还给你，说：这，我不需要！

整理台历

每年的 12 月 31 日,是换台历的日子。换上新的台历,会把旧台历再翻上一遍。翻着,只觉得日子就这样飘了过去。而记在旧台历上的片言只语,成了岁月留下的痕迹。

去年 1 月 25 日,我在台历上记下"不要做文人,要做文化人"几个字。这是国画大师傅抱石先生女儿的回忆文章里,写到的傅先生留给女儿的题词。他告诉女儿,文人往往偏狭,文化人能做到有大视野,这里的关键是要多读书,不要受制于专业局限。此话记有一年了,再看到,我觉得会记忆恒久。

2 月 13 日,记有这几个字:"要想人前显贵,就得人后受罪。"想不起这是谁的话,可能是哪一位平民成就事业后的生活感悟。朴素而真实,凝聚了他奋斗的甘苦。这样的话,值得时时提醒,使人不懈怠、不自满。

到了 6 月 3 日,我记有梁启超给儿子梁思成的嘱语:"书宜杂读,业宜精专。"这八个字成了梁思成一生的座右铭。梁思成在建筑学上精而又专,成为我国具有世界声誉的建筑大师,与父亲的教诲有密切关系。自然,这八个字,也可看成梁启超对自己所有孩子的教导,他的每个孩子都学有专攻,成就斐然。记下这八个字,是记下了一位大师的成功感悟。

8月中秋前后，有两天分别写有这样的字迹：一天是美学家李泽厚先生记忆母亲的嘱语，"只问耕耘，不求收获"。其母是位教师，四十岁去世。此话在他年少时留下的印记，影响了他一生。另一天记下了自己的感悟：为乡愁回乡时，却只有黑的河流。当时，正写着一篇回忆故乡的文章，飘过脑际的语丝，随手写下了。

在一些日子的页面上，还记有一些待友、知友的话。如"左手做好事，别让右手知道"；"有友如地、有友如山、有友如花、有友如秤"。这样的告诫，让我时时得到警示，我把写有这些话的那几页台历，留了下来。

到年尾时，还记有这样的语句："与天地合其德，与日月合其明，与四时合其序。"像这样有关人的入世行为与意义的话，留待来年再细细体悟。于是，我转写到了另一个本子上了。这是旧年给新年留下的任务。

合上旧年台历，新的一年便强行地来到了自己面前。这台历上的点滴，也可看作留住岁月的一种努力。想起这些话，也许就想起了某一天自己的神情。

活着是一首诗

(后记)

这本集子里的文章,都是我在患病之后写的。

最后一次走出癌症病房,已经是十多年之前了。

把所有病房里用过的东西都扔掉,算是与折腾我翻天覆地的化疗,做个了断。父亲送我的一对细瓷的茶杯,也有一只留在了病床边的茶几上。孤单的另一只,现在已有了缺口。

那天阳光很好,不少人来接我。曾送我野生黄鳝和山间干果的H君,穿着病号服,一直送我到车前,紧紧握手。在下楼的电梯里,我突然想起,推进手术室,解开病号服,麻醉师嬉笑着对护士说,进来一个有胸毛的。那个地方,也需要调侃。此时,一个赤裸的人,与动物无异。

看到了一个又一个同伴倒在了死神的脚下,觉得阳光下的自己,从里到外,都不是原来的那个人了。

这个世界,打量你的目光也变了。

这时,你面对最依赖的、乞求挽救你生命的医生,会觉得自己的无奈,在他们眼中反射出来,却也要挣扎着与死亡博弈。他们明白着你的担忧和祈愿。

第一次走进一位老中医的诊室。搭脉、观舌、开方,他灰白的脸呆板着,没什么话。只是交代,每天喝药二十次,显着玄虚。接着，在桌旁一堆书中拿出一本，说：这是我写的中医治癌的书，可买一本看看。又指着旁边装有黄色粉末的白塑料袋，看着我，显出诚恳：这是我自制的中药粉，会有效，要现买，东西也不多了。

这时候，谁会拒绝呢？

几十天的"二十次"之后，再也难以忍受这十几分钟的"一次"，妻子每天凌晨三点起床苦熬的药，好几次被我吐在了厨房的水槽里。

住在另一个城市的三姐和小弟，联系到一位更资深的中医专家。他把着我脉，眼神平静，满是皱纹的脸上透出严谨。看了舌苔后，便嘱旁边的女助手开药方。他思考着，叮嘱女助手药名和剂量，想到什么了，让她在方子上做些调整。问他，能否吃营养品？他冲出一句：有钱就去吃。眼里露出一丝讥诮。

我无忌他近乎冷漠的行医姿态，我把这看作是杏林长者的沉静，期待在这沉静的背后，有一份悬壶济世的执着。现在，没有出现治疗癌症的终结者。任何一位认真的有"野心"的医家，都有攻克这一顽疾的企图。我的魂里，和病友们一样，潜着急切。

后来知道，他是一位著名的中医专家。每年两次，开车二百公里，见他五分钟，对我来说，都是一次领取下一程生命的通行证。有一次搭完脉，问他，还好吧？他答，好的。药还要吃几年？他难得地微笑了，吃个十年吧！这预告的十年苦药，在我心中，成了一个喜讯。

那年回到家，有一个民间土方在等着我。

一位五十多岁的矮小女子，背了一袋切成寸段的猕猴桃树根，到了我家门口。正是盛夏，躬身背上四层楼，身子已软，汗衣贴背。她气喘吁吁地说,这是土方,煎了喝汤,有效。我接过来,掂着足有几十斤重。一个城里的女子,哪来的猕猴桃树根?她说,请人从老家山上挖来的,新鲜着,盼你快好起来。

一天,几位病友在山下一座村落的千年古树下喝茶。说到就医,大家起了抱怨。有人说:经历其间,才知道,我们已经成了一个大市场,有这么多人的眼睛盯着!

我说,我们留存下来,也辛苦。但是,我们终究还能感受春天草青、雪日宁静;逗笑着,在山水间闲逛;体验着亲朋友人中的情义。善良或者恶浊,都是生命的色泽。珍惜每一天的日子,是我们这些人最深切的觉悟。我懂了朋友的一句话:活着是一首诗,得好好读,好好体味。

那位气色红润的中年男人应道:人的寿命不如一棵树。生气是健康人的消遣,我们没这福了,该吃吃,该玩玩,有啥事要做赶紧做,活在前头,躺倒不愁!说完,一阵哈哈,带着自嘲,声调响亮得可抖动树叶。

古树无语。它巨大的华盖不露声色地庇护着我们。此时,你觉着自己的安稳,也生出些许超然。

H君早已回到浙东小城静养。有一次,他在电话中告诉我,常记得在病房的服务台,晚饭后,三五个病人聊天的情景。只是那位长脸的中年护士极不耐烦地说"你们走开"让他难受。当年围拢聊天的病友,大多都已"走开",进了天堂。他有点愤然:她不知道,也有上帝来不及收纳的人,还未"走开"。

我沉默了一会儿。这异样的敏感,只会产生于身处地狱边缘的人。我劝说,她只是无意一说而已,不要当回事。

春天的时候，收拾书橱。那本一直想看的书，在书橱的最高层找到了，它躲在第二排的角落里。一册陈旧的九成宫帖连同一方挺沉的石砚，被一起捧了出来，准备在吧台上，站着写字。缺了口的茶杯，怕摔破，我不再使用，把它放入了书橱下面的柜子。我想留住已在天堂的父亲，那一份恒久的温暖。

回过头，对妻子说：什么时候，请那位送猕猴桃树根的女子吃顿饭吧。多年未见，不知她会应允否？

窗外吹来的风，已悄悄散去了寒意。院子里的树丛，正蔓延出一层新绿，翠翠地闪着光。早春的鸟，在绿的光影里欢快地啁啾……

图书在版编目（CIP）数据

行走与守望 / 宁白著 . —上海：文汇出版社，
2022.3
ISBN 978-7-5496-3716-4

Ⅰ.①行… Ⅱ.①宁… Ⅲ.①散文集–中国–当代
Ⅳ.① I267

中国版本图书馆 CIP 数据核字（2022）第 026983 号

行走与守望

著　　者	宁　白
责任编辑	徐曙蕾
装帧设计	一亩幻想
出版发行	文匯出版社
	上海市威海路 755 号
	（邮政编码 200041）
照　　排	南京理工出版信息技术有限公司
印刷装订	上海新文印刷厂有限公司
版　　次	2022 年 3 月第 1 版
印　　次	2023 年 3 月第 2 次印刷
开　　本	890×1240　1/32
字　　数	210 千
印　　张	10.25

ISBN 978-7-5496-3716-4
定　　价　58.00 元